임동석중국사상100

이위공문대

李衛公問對

李靖 撰 / 林東錫 譯註

당태종과 이정

"상아, 물소 뿔, 진주, 옥. 진괴한 이런 물건들은 사람의 이목은 즐겁게 하지만 쓰임에는 적절하지 않다. 그런가 하면 금석이나 초목, 실, 삼베, 오곡, 육재는 쓰임에는 적절하나 이를 사용하면 닳아지고 취하면 고갈된다. 그렇다면 사람의 이목을 즐겁게 하면서 이를 사용하기에도 적절하며, 써도 닳지 아니하고 취하여도 고갈되지 않고, 똑똑한 자나 불초한 자라도 그를 통해 얻는 바가 각기 그 자신의 재능에 따라주고, 어진 사람이나 지혜로운 사람이나 그를 통해 보는 바가 각기 그 자신의 분수에 따라주되 무엇이든지 구하여 얻지 못할 것이 없는 것은 오직 책뿐이로다!"

《소동파전집》(34) 〈이씨산방장서기〉에서 구당(丘堂) 여원구(呂元九) 선생의 글씨

책머리에

우선 책의 첫머리에 고구려와 신라의 이야기가 등장하여 흥미를 끈다. 옛날 학창시절 당 태종이 고구려를 침략하였을 때 안시성에서 양만춘이 활을 당겨 당 태종의 눈을 맞추자 태종이 이를 손으로 뽑아 씹으면서 패배의 쓴맛을 보고 물러섰다는 야사野史를 듣고, 어린 나이에 민족의 긍지를 느꼈던 적이 있다. 참으로 험악한 긍지인지는 모르나 좌우간 그 때 중국 당나라라는 대제국을 물리쳤다는 이야기는, 뒤이어 연개소문의 패배와 그 아들의 당나라 망명 등이 교차되어 지금도 정말 그러한 기록이 어디에 있는지 찾아보고 싶다.

인류는 전쟁의 역사이며 전쟁을 듣지도 보지도 못하고 일생을 마칠 수는 없는가 보다. 역자만 해도 해방 뒤 태어나 곧바로 육이오라는 민족의 슬픈 전쟁을 겪었고 어린 나이에 지나간 중일전쟁이니 노일전쟁, 그리고 대동아전쟁 이니 이차대전이니 하는 어른들이 겪었던 전쟁이라는 것을 들으며 그것이 먼 역사 이전의 사건으로 여겼다. 그러나 철들어 재학시절에는 눈앞에 월남전이니 중동전쟁이니 아프리카 내전이니 발칸전이니 온통 전쟁 발발 뉴스에 영일이 없이 살아온 셈이었음을 알게 되었다.

고대에도 마찬가지였을 것이다. 중국 역사만 보아도 전쟁을 통하여 조대가 바뀌었고 같은 왕조라 해도 민란과 내란, 반란과 살육의 연속이었으며 전쟁없는 안정과 평화의 시간이란 그리 길지 못했던 것 같다.

이에 당 태종도 역시 수나라 잔여 세력을 제거하고 다시 군웅할거하던 지방 토호를 평정하고 천하를 거머쥔 다음에는 당연히 전쟁과 전투, 그리고 평정한 지역의 통치에 대한 깊은 생각을 가졌을 것이다. 이에 신하 이정과 더불어 병법에 관한 일체의 궁금증을 묻고 대답하여 이 책을 남긴 것이다.

당 태종은 걸출한 신하들의 힘을 빌려 중국 역대 이래 가장 강력하고 화려한 제국이라 평가하는 한당漢唐 중의 당의 기초를 다졌고, 특히 태종 재위 시절이 천하 제일의 발전기라 여기는 정관지치貞觀之治였음을 감안한다면 그 자신이 걸출하고 뛰어난 황제였음을 인정하지 아니할 수 없다. 그의 통치 철학과 정치 사상은 이미 널리 알려진 《정관정요貞觀政要》를 통해 알 수 있으며, 그의 군사 철학과 용병에 대한 인식은 바로 이 《이위공문대》를 통해 확연히 알 수 있으니 바로 이 두 책은 당 태종에게 있어서 문무文武의 두 축을 구성해 주는 양 날개라 할 수 있다. 두 책의 형식도 태종이 묻고 신하가 고대의 전적에서 사례를 들어 설명하는 것이며, 끝에는 태종이 이를 정확히 알아듣고 동의하고 감탄하여 정치 실천의 요목으로 삼는다는 것으로 되어 있다.

따라서 흔히 뛰어난 지도자를 두고 '문무겸비文武兼備'를 거론하는 대전제를 감안한다면, 이 두 책이야말로 오늘날 지도자라면 좌우에 끼고 읽고 살펴보고 거울로 삼으며 참고서로 여겨도 될 것이다. 중국이나 한국의 역대 뛰어난 제왕이나 통치자, 이를테면 전설상의 삼황오제는 물론 전국시대의 숱한 군주들, 그리고 나아가 한나라 유방이나 무제, 그리고 삼국을 거쳐 진나라, 위진 남북조, 통일과업을 이룬 당 고조, 여기서의 당 태종과 그 뒤의 이름난 강력한 왕권과 대외적으로 업적을 떨친 지도자는 한결같이 국내에서는 책임 있는 보좌를 두었고, 그 통치 철학은 문文이었으며, 대외적으로는 무武를 과시하였다. 우리의 세종도 한낱 문약文弱에 흐른 임금은 아니었다. 육진六鎭과 사군四郡을 개척하고 국토 회복과 국방에 온힘을 기울여 그만한 치적을 이루었던 것이다.

그러한 군주 당 태종과 당시 병법의 대가인 이정이 대화체로 정리하여 전해오는 이 책은 송대 역시 〈무경칠서武經七書〉에 열입되어 지금도 그 가치를 인정받고 있다. 특히 이 책은 〈무경칠서〉 중에 가장 늦게 완성된 것으로 나머지 여섯 책, 즉 《손자》·《오자》·《울료자》·《사마법》·《육도》·《삼략》의 중요한 내용과 구절을 재해석하고 있어 그들 책의 주석본이라 할 수 있다. 이에 따라 그 여섯 책의 풀리지 않던 문제를 환연渙然히 알 수 있도록 해 주고 있으며, 그냥 지나칠 수 있는 구절도 오묘한 이치를 부여하고 있다.

내용도 구체적이며 역사적 전쟁사를 병법의 입장에서 분석한 점은 일반 사학의 범주를 뛰어넘어 또 다른 각도의 역사 연구라 할 수 있다.

전쟁을 막기 위해서라도 병법은 알아야 한다. 전쟁이 벌어졌을 때 전투를 치러 승리하기 위한 구체적인 방안으로서의 병법은 그래서 더욱 중요하다 할 것이다. 나아가 세상이 온통 전쟁터라고 본다면, 일상생활에서도 병법은 보기에 따라 자신을 보위하고 승리를 쟁취하기 위한 인간 본연의 도구일지도 모른다.

그러나 결국은 화평을 위해서는 덕을 갖추고 그 덕으로 대립과 쟁의를 막는 것이 최상의 방법임을 배우기 위해 이 병법서를 보라고 권하고 싶다. 이 책에도 '싸우지 아니하고 남을 굴복시키는 것이 최상이며, 백 번 싸워 백 번 승리를 거두는 것은 중간이며, 깊은 방어용 도랑을 파고 높은 보루를 세워 스스로 수비해 내는 것은 최하의 방법이다'라고 말하고 있지 않은가? 이 험악한 전쟁터의 현실 삶에서 '싸우지 아니하고 남을 굴복시킬 수 있는' 방법을 바로 이 병법서를 통해 얻는다면 이 책은 처세술로도 그럴 만한 가치를 가지고 있다고 하리라.

줄포茁浦 임동석林東錫이 부곽재負郭齋에서 적음

일러두기

1. 이 책은 사고전서四庫全書 문연각본文淵閣本 《이위공문대李衛公問對》와 〈중국전통병법대전中國傳統兵法大全〉의 《이위공문대李衛公問對》의 원문을 중심으로 하여 전문을 역주한 것이다.

2. 한편 현대 백화본 자료 《신역이위공문대新譯李衛公問對》(鄔錫非 三民書局 1996 臺北)와 《당태종이위공문대금주금역唐太宗李衛公問對今註今譯》(曾振 臺灣商務 印書館 1996 臺北)을 충분히 이용하였으며 많은 도움을 받았음을 밝힌다.

3. 원책의 구절에 맞추어 편장 번호와 괄호 안에 다시 구절 번호를 제시하였다.

4. 원문은 현대 중국의 표점 부호를 사용하였다.

5. 해석은 직역을 위주로 하되 일부 의역을 가한 부분도 있다.

6. 매 단락의 제목은 주제에 맞추어 임의로 부여한 것이다.

7. 부록으로 《구당서舊唐書》 이정전李靖傳과 청淸 왕종기汪宗沂가 두우杜佑의 《통전通典》을 근거로 집일한 《이공병법집본李公兵法輯本》을 실어 연구에 도움이 되도록 하였다.

8. 이 책의 역주에 참고한 초보적인 자료는 다음과 같다.

● 참고문헌

① 《李衛公問對》中國傳統兵法大全, 啓南(主編), 三環出版社, 1992. 湖南 長沙.

② 《李衛公問對》四庫全書 子部 兵家類, 文淵閣本 印本, 臺灣商務印書館, 臺北.

③ 《新譯李衛公問對》鄔錫非, 三民書局, 1995. 臺北.

④ 《唐太宗李衛公問對今註今譯》(曾振) 臺灣商務印書館, 1996. 臺北.

⑤ 《司馬法》中國傳統兵法大全, 啓南(主編), 三環出版社, 1992. 湖南 長沙.

⑥ 《司馬法》四庫全書 子部 兵家類, 文淵閣本 印本, 臺灣商務印書館, 臺北.

⑦ 《司馬法今註今譯》劉仲平(註譯), 臺灣商務印書館, 1977. 臺北.

⑧ 《新譯司馬法》王雲路(注譯), 三民書局, 1996. 臺北.

⑨ 《司馬法》百子全書, 岳麓書社, 1993. 湖南 長沙.

⑩ 《黃石公三略》秦 黃石公(撰), 〈四庫全書〉, 兵家類.

⑪ 《三略直解》明 劉寅(撰), 〈四庫全書〉, 兵家類.

⑫ 《黃石公素書》秦 黃石公(撰), 宋 張商英(註), 〈四庫全書〉, 兵家類.

⑬ 《黃石公素書》秦 黃石公(撰), 宋 張商英(註), 〈百子全書〉, 兵家類.

⑭ 懸吐武經(武經七書) 《三略直解》劉寅(解), 世昌書館, 1970. 서울.

⑮ 懸吐武經(武經七書) 《六韜直解》世昌書館, 1970. 서울.

⑯ 懸吐武經(武經七書) 《孫武子直解》世昌書館, 1970. 서울.

⑰ 秘書三種 《素書》(黃石公), 世昌書館, 1970. 서울.

⑱ 秘書三種 《陰符經》(黃帝), 世昌書館, 1970. 서울.

⑲ 秘書三種 《心書》(諸葛亮), 世昌書館, 1970. 서울.

⑳ 《新譯三略讀本》傅傑, 三民書局, 2002. 臺北.

㉑ 《黃石公三略今註今譯》魏汝霖, 臺灣商務印書館, 1993. 臺北.

㉒ 《新譯孫子讀本》吳仁傑, 三民書局, 2004. 臺北.

㉓ 《孫子今註今譯》魏汝霖, 臺灣商務印書館, 1981. 臺北.

㉔ 《孫子全譯》周亨祥, 貴州人民出版社, 1992. 貴州 貴陽.

㉕ 《新譯吳子讀本》王雲路, 三民書局, 1966. 臺北.

㉖ 《吳子今註今譯》傅紹傑, 臺灣商務印書館, 1981. 臺北.

㉗ 《新譯尉繚子》張金泉, 三民書局, 1996. 臺北.

㉘ 《尉繚子今註今譯》劉仲平, 臺灣商務印書館, 1977. 臺北.

㉙ 《尉繚子全譯》劉春生, 貴州人民出版社, 1993. 貴州 貴陽.

㉚ 《新譯六韜讀本》鄔錫非, 三民書局, 2003. 臺北.

㉛ 《太公六韜今註今譯》(徐培根), 臺灣商務印書館, 2000. 臺北.

㉜ 《武經總要》宋, 曾公亮·丁度(敕撰), 四庫全書, 子部 兵家類.

㉝ 《三才圖會》明, 王圻·王思義(編集), 上海古籍出版社, 印本, 2005. 上海.

㉞ 기타 공구서工具書 및 〈이십오사二十五史〉, 〈십삼경十三經〉 등은 생략함.

해 제

이 책의 전체 명칭은 《당태종이위공문대唐太宗李衛公問對》이며 줄여서 흔히 《당이문대唐李問對》, 혹은 《이정문대李靖問對》라고도 하며 《이위공문대李衛公問對》로 가장 널리 불려지고 있다. 따라서 '문問'은 당 태종의 질문이며, '대對'는 이위공(이정)의 대답이라는 뜻이다.

태종太宗은 당唐(619~907)나라 제2대 황제로 이름은 이세민李世民(599~649)이다. 고조 이연李淵의 둘째아들로 무덕武德 9년(626)에 현무문玄武門의 정변政變을 일으켜 형 이건성李建成을 죽이고 태자가 되었으며, 아버지를 이어 황제의 자리에 올랐다. 628년 천하를 통일하고 626~649년까지 23년 간 재위하였으며, 수隋나라가 망한 것을 거울삼아 《정관정요貞觀政要》 등을 지은 것은 널리 알려져 있으며, 그가 재위하던 시절 연호는 정관貞觀이었다. 특히 이 시대는 중국 남북조와 수나라를 이어 오면서 혼란기를 마감하고 미증유의 발전을 이룩하여 역사적으로 흔히 이 시대를 '정관지치貞觀之治'라 한다.

한편 이 당시 신라新羅는 진평왕眞平王, 선덕여왕善德女王, 진덕여왕眞德女王, 무열왕武烈王, 문무왕文武王이었으며, 백제百濟는 무왕武王, 의자왕義慈王 재위 시절로 결국 신라군 김유신金庾信과 당군唐軍 소정방蘇定方에 의해 망하고 말았다.(660) 그리고 고구려高句麗는 당 태종이 재위하던 시절 영류왕榮留王(618~641), 보장왕寶藏王(642~668)의 재위 기간이었으며, 644년부터 668년까지 이세적李世勣, 장량張亮, 설만철薛萬徹, 설인귀薛仁貴, 소정방蘇定方 등이 끊임없이 고구려를 침략하여 결국 고구려는 멸망을 고하고 말았다.(668년)

그리고 이 책의 저자로 알려진 이정李靖(571~649)은 당나라 초기의 군사가
로서 자는 약사藥師이다. 경조京兆 삼원三原(지금의 陝西省 三原縣) 출신으로
태종 때 병부상서兵部尚書, 상서우복사尚書右僕射 등을 지냈으며, 동돌궐東突厥,
토욕혼吐谷渾 등을 정벌한 공로로 위국공衛國公에 봉해졌다. 그 때문에 그를
흔히 '이위공李衛公'으로 부른다. 《구당서舊唐書》(67)와 《신당서新唐書》(93)에
그의 전이 실려 있으며, 그의 저술로《이위공병법李衛公兵法》이 있었으나
원서는 실전되고 청대淸代 왕종기汪宗沂가《통전通典》등의 자료를 근거로
《위공병법衛公兵法》을 집일輯佚하여 자신의《점서촌사총서漸西村舍叢書》에
실었다.(부록을 볼 것)

이《이위공문대》역시 송宋나라 때 정리된〈무경칠서武經七書〉의 하나로서
병법서로 분류되어 널리 인용되고 있다. 이 책은 당 태종이 병법과 통치,
변경 책략에 대하여 이정에게 묻고 이를 이정이 대답하는 형식의 대화체로
이루어져 있다. 상·중·하 3권으로 나뉘어 총 98개의 질문과 대답을 묶어
49개의 장으로 되어 있으며, 총 1만 3백여 자이다.
특히 첫머리에 고구려에게 신라를 괴롭히지 말도록 조칙을 내렸으나, 고구려가
거부하여 원정에 나서겠다고 시작하는 부분으로 보아, 당시 천하를 통일하여
미증유의 강대한 대제국을 건설하는 당나라로서는 아마 고구려가 가장 상대하기
힘든 대상이었을 것임을 시사하고 있다.

이 책은 우선 출전出戰 사례를 들어 태종이 묻고, 이정이 분석을 가한다. 고대 병법서의 구절이나 내용을 인용하여 이를 근거로 분석을 가하는 형식을 취하고 있다. 그리고 다시 용병의 원칙을 들어 각종 사례를 들어 설명하면서 논증을 가하여 〈무경칠서〉의 전대前代 전적의 병법 내용을 고증하고 의미를 재해석하는 방법으로 전개된다. 질문과 대답은 상호 대답과 설명을 유도하는 형식으로 되어 있다. 이를 방증하기 위한 출전의 예가 52가지나 거론된다. 이처럼 역사상 전쟁을 오로지 용병의 관점에서 분석한 것은 다른 병법서에서는 찾아보기 어려운 예이다. 아울러 당시의 용병 원칙과 군대의 편제, 진법, 군사교육과 훈련, 변방 통치 방법 등에 대한 것은, 고대 군사뿐 아니라 당나라의 구체적인 이민족 통치술에 대한 연구에도 귀중한 자료가 되고 있다.

한편 이 책은 〈사고전서四庫全書〉와 〈무경칠서직해武經七書直解〉, 〈중국 병법대전中國兵法大全〉 등에 고루 들어 있으나, 실제 두우杜佑의 《통전通典》에 인용된 《이정병법李靖兵法》 외에는 기록이 없어 혹자는 이것이 송대 위탁한 것이 아닌가 여기기도 한다. 특히 송대 완일阮逸이라는 자는 이 책의 내용을 위조하여 그 초고를 소순蘇洵(소식, 소철의 아버지)에게 보여 주었고, 소식蘇軾도 직접 보았다는 설이 전해내려 오지만(《新譯李衛公問對》 1996. p.7) 소씨들의 문집에 이러한 기록이 없어 지금은 믿지 않고 있다. 다만 이도李燾의 《속자치통감장편續資治通鑑長編》(권303) 〈무경칠서〉 관련 기록에 원풍元豐 3년(1080) 4월 을미乙未에 '조서를 내려 《손자》·《오자》·《육도》·《사마법》·《삼략》·《울료자》·《이정문대》등의 책을 교정하여 출판하도록 하였다.'

(詔校定 孫子·吳子·六韜·司馬法·三略·尉繚子·李靖問對等書, 鏤版行之)라 하여 당시(宋宋 신종神宗) 이미 틀림없이 있었으며, 무과武科 교재로 채택되었음을 확인할 수 있다. 그리고 민국民國 24년(1935) 상해上海 함분루涵芬樓의 《속고일총서續古逸叢書》 영인본에, 일본 엄기씨嚴崎氏의 정가당장본靜嘉堂藏本, 남송南宋 효종孝宗 광종光宗 연간年間의 절각본浙刻本, 무경칠서武經七書 백문본白文本을 실어 이를 현존 최고본으로 여기고 있다.

현재 백화어 번역본으로는 대만臺灣 삼민서국三民書局의 《신역이위공문대新譯李衛公問對》(鄔錫非 注譯, 1995)와 대만臺灣 상무인서관商務印書館의 《당태종이위공문대금주금역唐太宗李衛公問對今註今譯》(曾振 註譯, 1975 초판)이 널리 알려져 있다.

차 례

❀ 책머리에
❀ 일러두기
❀ 해제

卷上

卷下

부록

三才圖會　人物六卷　五

像師藥李

李靖字藥師京兆三原人姿貌魁奇嘗謂人曰大丈夫當
以功名取富貴何至作章句儒其舅韓擒虎與論兵曰可
與論孫吳者非斯人尚誰哉左僕射牛弘見之曰王佐才也員觀間出將入相封
衛國公

李靖(자는 藥師) 《三才圖會》

欽定四庫全書

李衛公問對卷上

李衛公問對　卷上

太宗曰高麗數侵新羅朕遣使諭不奉詔將討之如何
靖曰探知蓋蘇文自恃知兵謂中國無能討故違命臣
請師三萬擒之太宗曰兵少地遠以何術臨之靖曰臣
以正兵太宗曰平突厥時用奇兵今言正兵何也靖曰
諸葛亮七擒孟獲無他道也正兵而已矣太宗曰晉馬
隆討涼州亦是依八陣圖作偏箱車地廣則用鹿角車
營路狹則為木屋施於車上且戰且前信乎正兵古人
所重也靖曰臣討突厥西行數千里若非正兵安能致
遠偏箱鹿角兵之大要一則治力一則前拒一則束部
伍三者迭相為用斯馬隆所得古法深也
太宗曰朕破宋老生初交鋒義師少却朕親以鐵騎自
南原馳下横突之老生兵斷後大潰遂擒之此正兵乎
奇兵乎靖曰陛下天縱神武非學而能臣按兵法自黃
帝以來先正而後奇先仁義而後權譎且霍邑之戰師

欽定四庫全書

李衛公問對　卷上

以義舉者正也建成墜馬右軍少却者奇也太宗曰彼
時少却幾敗大事豈謂奇耶靖曰凡兵以前向為正後
却為奇且右軍少却則老生安致之來我法曰利而誘
之亂而取之老生不知兵恃勇急進不意斷後見擒于
陛下此所謂以奇為正也太宗曰霍去病暗與孫吳合
誠有是夫當右軍之却也高祖失色及朕奮擊反為我
利孫吳暗合卿實知言太宗曰凡兵却皆謂之奇乎靖
曰不然夫兵却旗參差而不齊鼓大小而不應令喧囂
而不一此真敗者也非奇也若旗齊鼓應號令如一紛
紛紜紜雖退走非敗也必有奇也法曰佯北勿追又曰
能而示之不能皆奇之謂也太宗曰霍邑之戰右軍少
却其天乎老生被擒其人乎靖曰若非正兵變為奇奇
兵變為正則安能勝哉故善用兵者奇正在人而已變
而神之所以推乎天也太宗俛首
太宗曰奇正素分之歟臨時制之歟靖曰按曹公新書
曰己二而敵一則一術為正一術為奇己五而敵一則

《李衛公問對》唐, 李靖(撰) 四庫全書(文淵閣) 子部(2) 兵家類

唐 太宗(李世民)

唐太宗皇帝之眞像

당 태종(李世民)

〈外賓圖〉唐, 李賢묘 벽화

〈外國使臣圖〉 북송대 그림

〈屯墾圖〉(磚畫) 甘肅 嘉峪關 戈壁灘 魏晉墓 磚壁畫

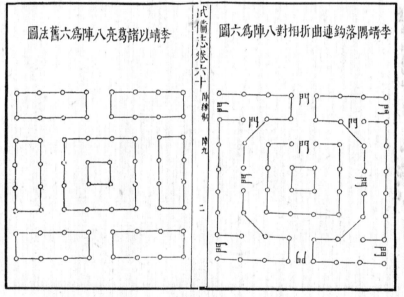

李靖隅落鉤連曲折相對八陣爲六圖　　李靖以諸葛亮八陣爲六舊法圖

〈李靖隅落鉤連曲折相對八陣爲六圖〉，〈李靖以諸葛亮八陣爲六舊法圖〉

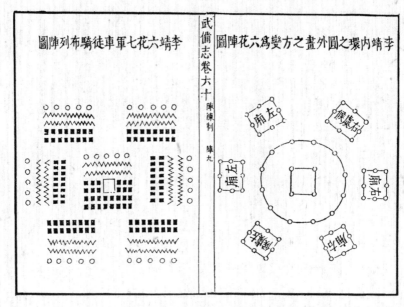

圖列布騎徒車軍七花六靖李　　　圖陣花六爲變之方之畫外圓之環內靖李

〈李靖內環之圓外畫之方變爲六花陣圖〉，〈李靖六花七軍車徒騎布列陣圖〉

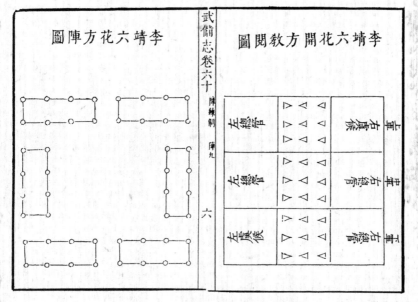

〈李靖六花開方教閱圖〉，〈李靖六花方陣圖〉

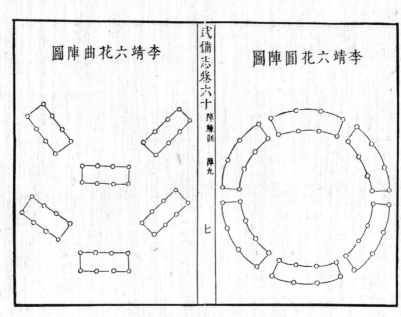

〈李靖六花圓陣圖〉,〈李靖六花曲陣圖〉

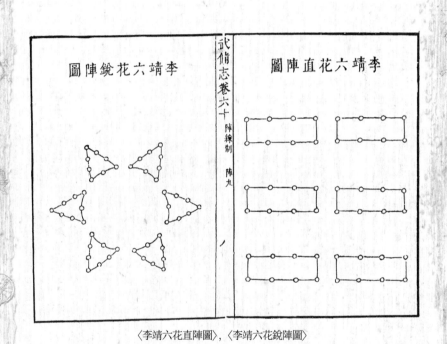

李靖六花銳陣圖　　　　　李靖六花直陣圖

〈李靖六花直陣圖〉,〈李靖六花銳陣圖〉

이위공문대

권상卷上

　상권은 모두 19절(장)로 되어 있으며, 주로 중국 병법 이론에서 가장 널리 쓰이는 기정奇正에 대하여 토론을 벌인 것이다. 즉 정병正兵과 기병奇兵의 상호 전환轉換과 상생相生, 상극相克의 변증 이론을 분석하여 전세戰勢와 분합分合 등을 다루었다.

　그 외에 진법陣法의 기원과 변화 및 구체적인 진지 구축 방법 등에 대하여 상세하게 설명하고 있다.

001(上-1)
고구려가 신라를 괴롭히니

태종太宗이 말하였다.

"고구려(高麗)가 자주 신라新羅를 침범하여 짐이 사신을 보내어 조칙을 내렸으나, 조칙을 받들지 않고 있어 장차 토벌하려 하오. 어떻게 생각하시오?"

이정李靖이 말하였다.

"탐지해 보았더니 연개소문(蓋蘇文)이 스스로 병법을 안다고 자신하여 중국은 자신을 쳐들어오지 못할 것이라 여기고 있습니다. 그 때문에 우리의 명령을 어기고 있는 것입니다. 신은 군사 3만 명으로 그를 사로잡기를 청합니다."

태종이 말하였다.

"병력은 적고 그 지역은 먼데 어떤 병법으로 대처할 작정입니까?"

이정이 말하였다.

"저는 정병正兵의 방법으로 할 것입니다."

태종이 물었다.

"돌궐突厥을 평정할 때 기병奇兵을 썼는데 지금 정병으로 한다니 어찌된 것입니까?"

이정이 대답하였다.

"제갈량諸葛亮이 칠종칠금七縱七擒의 방법으로 맹획孟獲을 사로잡았던 것은 다른 것이 아니었습니다. 바로 정병의 방법을 썼을 따름입니다."

태종이 물었다.

"진晉나라 때 마륭馬隆이 양주涼州를 토벌할 때 역시 팔진도八陳圖에 의해 편상거偏箱車를 만들어 지역이 넓으면 녹각거영鹿角車營을 썼고, 길이 좁으면 그 수레 위에 나무로 가옥 형태를 만들어 일면 전투를 하면서 일면 전진을 계속하였습니다. 미덥습니다! 정병은 옛사람들이 중히 여기던 바였군요."

이정이 말하였다.

"신이 돌궐을 토벌할 때 서쪽으로 수천 리를 행군하면서 만약 정병을 쓰지 않았다면 어찌 그 먼 곳까지 갈 수 있었겠습니까! 편상거와 녹각은 정병의 대요이니, 하나는 전투력을 장악함이요, 또 하나는 앞에 나타나는 적을 방어함이요, 또 하나는 이로써 우리 자신의 대오를 단단히 결속하는 것이니 이 세 가지를 차례대로 사용하는 것입니다. 이것이 마륭이 터득한 바 옛날의 심오한 병법입니다."

太宗曰：「高麗數侵新羅，朕遣使諭，不奉詔，將討之，如何？」

　靖曰：「探知蓋蘇文自恃知兵，謂中國無能討，故違命．臣請師
　　　　三萬擒之．」

太宗曰：「兵少地遙，以何術臨之？」

　靖曰：「臣以正兵．」

太宗曰：「平突厥時用奇兵，今言正兵，何也？」

　靖曰：「諸葛亮七擒孟獲，無他道也，正兵而已矣．」

太宗曰：「晉馬陵討涼州，亦是依八陳圖，作偏箱車，地廣則用鹿角
　　　　車營，路狹則爲木屋施於車上，且戰且前．信乎！正兵
　　　　古人所重也．」

　靖曰：「臣討突厥，西行數千里，若非正兵，安能致遠？偏箱‧
　　　　鹿角，兵之大要：一則治力，一則前拒，一則束部伍，三者
　　　　迭相爲用．斯馬隆所得古法深矣！」

【太宗】 당(619～907)나라 제2대 황제. 李世民(599～649). 고조 李淵의 둘째아들로 武德 9년(626)에 玄武門의 政變을 일으켜 형 李建成을 죽이고 태자가 되었으며, 아버지를 이어 황제의 자리에 오름. 628년 천하를 통일하고 626～649년까지 23년 간 재위하였으며, 隋나라가 망한 것을 거울삼아 《貞觀政要》 등을 지었음. 그가 재위하던 시절의 연호 貞觀을 지칭하여 이 시대를 '貞觀之治'라 하며 당나라의 기틀을 잡은 시기였음. 이 당시 新羅는 眞平王, 善德女王, 眞德女王, 武烈王, 文武王이었으며, 百濟는 武王, 義慈王 재위 시절로 결국 신라군 金庾信과 唐軍 蘇定方에 의해 백제가 망하고 말았음.(660)

【高麗】 高句麗를 가리킴. 중국 사서에 흔히 고구려를 '高麗', '句麗', '句驪' 등으로 표기함. 당 태종이 재위하던 시절 高句麗는 榮留王(618～641), 寶藏王(642～668) 재위기간이었으며, 644년부터 668년까지 李世勣, 張亮, 薛萬徹, 薛仁貴, 蘇定方 등이 끊임없이 고구려를 침략하여 결국 고구려는 멸망을 고하고 말았음.(668)

【數】 '자주, 屢次'의 뜻. '삭'으로 읽음.

【新羅】 당시 신라는 여러 차례 고구려 침입을 막아 줄 것을 唐에 고하였으며 당은 이에 의해 고구려에게 신라를 침략하지 말 것을 종용하였음.《三國史記》 및 新舊《唐書》 등 참조.

【朕】 왕이 자신을 칭하는 말. 秦始皇이 처음 사용하였다 함.

【李靖】 당나라 초기의 군사가. 원래 이름은 李藥師(571～649). 京兆 三原(지금의 陝西省 三原縣) 출신으로 태종 때 兵部尚書, 尚書右僕射 등을 지냈으며 東突厥, 토욕혼(吐谷渾) 등을 정벌한 공로로 衛國公에 봉해짐. 그로 인해 그를 흔히 '李衛公'으로 부름.《舊唐書》(67)와 《新唐書》(93)에 전이 있음. 그의 저술 《李衛公兵法》의 원서는 실전되고 淸代 汪宗沂가 《通典》 등의 자료를 근거로 《衛公兵法》을 輯佚하여 자신의 《漸西村舍叢書》에 실었음.(부록을 볼 것)

【蓋蘇文】淵蓋蘇文(?~666). 일명 蓋金. 성은 泉. 아버지를 이어 大加, 大對盧 등의 벼슬을 지내며 막강한 권력을 휘둘렀음. 628년(영류왕 11)년 長城을 쌓았으며 이 때 백성의 원성을 들어 자신이 위험해지자, 642년 영류왕과 大臣 100여 명을 죽이고 보장왕(영류왕의 조카)을 추대하였으며, 스스로 莫離支가 되어 정권을 잡고, 백제와 연합하여 신라의 黨項城을 빼앗은 뒤, 당나라가 신라 편을 들어 계속 간섭하자 그 사신을 구금함. 당 태종이 이에 격분하여 스스로 張亮, 李世勣 등을 거느리고 644년(보장왕 3) 安市城을 포위하자, 연개소문은 이를 물리친 후 더욱 교만해졌다. 뒤에 그가 죽고 아들 男生이 막리지가 되었으나 이로 인해 아우 男建과 男産 등 형제간의 세력 다툼이 생겼으며, 이에 실패한 남생이 당나라로 도망하여 이세적을 장수로 한 당나라 세력을 끌어들여 결국 나라가 망하고 말았음.

【正兵·奇兵】병법에서 '奇正'은 널리 쓰이는 용어로서 상대적 대립 개념으로 모략과 전법 등에 널리 쓰인다. 즉 일반적이며 상식적인 것을 일러 '正'이라 하며, 이에 따라 正面攻擊, 警戒守備, 明攻箝制 등의 방법을 말함. 한편 특수하고 기이한 방법이나 의외의 작전 등을 '奇'라 하며 迂廻側擊, 集結機動, 偸襲助攻, 게릴라전 등이 있음. 이와 같이 활용하여 조직된 군대를 正兵과 奇兵으로 구분하여 부름. 《孫臏兵法》奇正篇에 "奇發而爲正, 其未爲發者, 奇也"라 하였으며, 《唐太宗李衛公問對》에는 "太宗曰: 吾之正, 使敵視以爲奇; 吾之奇, 使敵視以爲正, 斯所謂形人者歟? 以奇爲正, 以正爲奇, 變化莫測, 斯所謂無形者歟?"라 함.

【突厥】중국 고대 북방의 종족 이름으로, 6세기경 알타이 산록 근처에서 유목생활을 시작하였으며, 隋代에 東突厥과 西突厥로 나뉘어 중국 서북부를 근거지로 발전하였음. 唐 貞觀 3년(629) 太宗이 李靖에게 명하여 동돌궐을 토벌하였음.

【諸葛亮】자는 孔明(191~234). 한말 陽都人. 은거하여 스스로 밭을 갈며 자신을 管仲과 樂毅에 비교하여 사람들이 그를 臥龍先生이라 불렀음. 뒤에 蜀漢 劉備의 三顧草廬로 불려가 天下三分之策을 정하고, 유비를 도와 荊州와 益州를 차지하여 吳·蜀·魏 삼국 정립을 이루었음. 유비의 유촉에 의해 그 아들 劉禪을 도와 〈出師表〉를 쓰고 북벌을 시도했으나 五丈原에서 생을 마침. 죽은 뒤 武鄕侯에 봉해졌으며 시호는 忠武.《三國志》(35)에 전이 있음.

【七擒孟獲】 유비가 죽자 南方 彛族의 영수 孟獲과 建寧部의 土豪 雍闓가 蜀에 반기를 들었다. 제갈량이 남방 토벌에 나서서(225년) 그곳의 영수 孟獲을 잡았으나 그가 굴복하지 않자 7번 풀어 주었다가 7번을 잡음.(《漢晉春秋》) 唐 章孝標의 〈諸葛武侯廟〉 시에 "七縱七擒何處在, 茅花櫪葉蓋神壇"이라 함.

【馬隆】 晉 武帝 때의 명장으로 자는 孝興. 진 무제가 吳나라를 정벌하려 하자(279년) 鮮卑族 수령 樹機能이 그 틈에 涼州를 점거하고 진나라 후방을 위협하자, 마륭이 정벌에 나서 제갈량의 八陣圖를 원용하여 偏箱車陣을 결성, 천여 리를 진격하여 결국 수기능을 죽이고 양주를 평정하였음.

【涼州】 凉州로도 표기하며 지금의 甘肅省 서북부. 당시 선비족이 점거하고 있었음.

【八陳圖】 八陣圖로도 표기하며, 제갈량이 창안한 攻防兼備의 진법. 종횡으로 64개의 전술부대를 하나의 組로 하여 커다란 方陣을 형성하고 그 뒤에 24개의 유격대를 편성하는 布陣法이라 함. 한편 중국 병서에는 '陣'과 '陳' 두 글자를 혼용하고 있으나 고대에는 '陳'이 원글자였으며, '陣'자는 王羲之의 書法에 의해 생긴 글자로 보기도 함.《論語》衛靈公篇에 "衛靈公問陳於孔子. 孔子對曰:「俎豆 之事, 則嘗聞之矣; 軍旅之事, 未之學也.」明日遂行. 在陳絶糧, 從者病, 莫能興. 子路慍見曰:「君子亦有窮乎?」子曰:「君子固窮, 小人窮斯濫矣.」"이라 하였고, 集註에 "陳, 謂軍師行伍之列"라 하였다. 이 '陳'자가 '陣'자로 군사학에서 '진을 치다'는 전용어로 바뀐 것에 대한 이론은 상당히 많다. 이에 대하여《顏氏家訓》 書證篇에는 다음과 같이 고증하고 있다. 『태공(太公)의《육도(六韜)》에 천진 (天陳)·지진(地陳)·인진(人陳)·운조지진(雲鳥之陳) 등이 있다. 그리고《논어 (論語)》에 "위령공이 공자에게 진(陳)을 물었다"라 하였으며,《좌전(左傳)》 에는 "어려지진(魚麗之陳)을 치다"라 하였다. 그런데 속본에는 흔히 「阜」방에 거승(車乘)의 「거(車)」를 써서 「진(陣)」으로 쓴다. 생각건대 여러 진대(陳隊)는 모두가 진정(陳鄭)의 진(陳)자여야 한다. 무릇 행진(行陳)의 뜻은 진열(陳列)이란 말에서 취한 것이다. 이는 육서(六書) 중의 가차(假借)이다.《창힐편(蒼頡篇)》 과《이아(爾雅)》 및 근세의 자서(字書)에는 모두가 따로 별자(別字)가 없었다. 그런데 오직 왕희지(王羲之)의 〈소학장(小學章)〉만은 「阜(阝)」옆에 거(車)를

썼다. 비록 세속에 이미 통행되고는 있지만 그렇다고 이를 근거로 《육도》, 《논어》, 《좌전》을 고치는 것은 마땅치 않다.」(太公《六韜》, 有天陳·地陳·人陳·雲鳥之陳. 《論語》曰:「衛靈公問陳於孔子.」《左傳》:「爲魚麗之陳.」俗本多作阜傍車乘之車. 案諸陳隊, 並作陳·鄭之陳. 夫行陳之義, 取於陳列耳, 此六書爲假借也, 《蒼》·《雅》及近世字書, 皆無別字; 唯王羲之〈小學章〉, 獨阜傍作車, 縱復俗行, 不宜追改《六韜》·《論語》·《左傳》也.) 그러나 여기서 "王羲之의〈소학장〉에서 그렇게 썼다"라 한 것은 羲라는 사람이 쓴 것을 잘못 알아 왕희지의 저작이라고 한다. 趙曦明은 「《隋書》經籍志:《小學篇》一卷, 晉下邳內史王羲撰. 諸本並作 王羲之, 乃妄人謬改」라 하였다.

【偏箱車】 고대 戰車. '扁箱車'로도 표기하며 상자처럼 꾸민 작은 전투용 수레임.

【鹿角車營】 偏箱車의 首尾를 서로 이어 하나의 둥그런 진형을 갖춘 것. 수레 위에 刀槍과 戈戟을 꽂아 방어를 하며 그 안에 弓手를 배치하여 밖으로 사격할 수 있도록 하였음. 그 모습이 마치 사슴뿔과 같아 이렇게 부름.

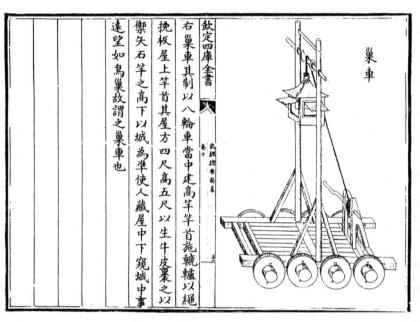

巢車

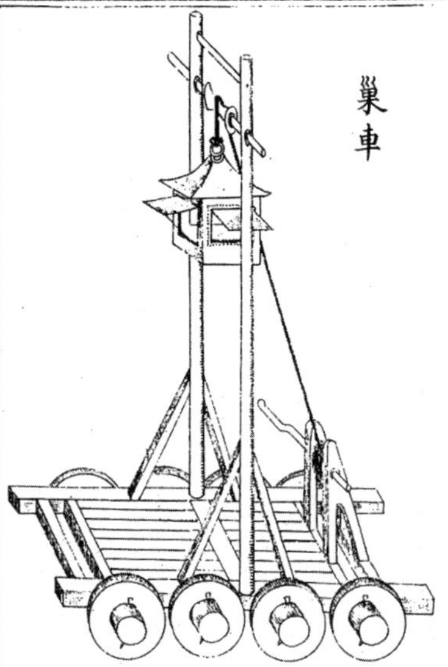

欽定四庫全書　武經總要前集　卷十

右巢車其制以八輪車當中建高竿竿首施轆轤以繩挽板屋上竿首其屋方四尺高五尺以生牛皮裹之以禦矢石竿之高下以城為準使人藏屋中下窺城中事遠望如鳥巢故謂之巢車也

《武經總要》에 실려 있는 고대 각종 전투 장비

태종이 말하였다.

"내가 송로생宋老生을 깨뜨릴 때 처음 교전이 벌어지자 우리의 군사가 조금 퇴각하였소. 이 때 짐이 친히 철기를 거느리고 남쪽 언덕으로부터 옆으로 돌진해 들어갔소. 그리하여 송노생의 군대는 그 후미가 끊어져 크게 무너져 결국 그를 사로잡을 수 있었던 것이오. 이러한 병법은 정병이오, 아니면 기병이오?"

이정이 말하였다.

"폐하는 하늘이 내려주신 성스러운 무武가 있어, 배운다고 능할 수 있는 것이 아닙니다. 신이 병법을 살펴보았더니 황제黃帝 이래로 먼저 정병을 쓰고 기병은 뒤로 하였으며 먼저 인의仁義로써 하고 권휼權譎은 뒤로 하였습니다. 또 곽읍霍邑의 전투에서 군사가 의義를 기치로 하여 일어섰으니 이는 정병이며, 건성이 말에서 떨어져 오른쪽 아군이 조금 물러설 수밖에 없었던 것은 기병이었던 것입니다."

태종이 물었다.

"그 당시 조금 물러섰을 때 자칫하면 큰 일을 그르칠 뻔하였는데 어찌 기병이라 말할 수 있겠소?"

이정이 말하였다.

"무릇 병법에서 앞으로 향해 나아가는 것을 정正으로 여기며, 뒤로 물러서는 것을 기奇라 여깁니다. 그리고 오른쪽 군대가 물러서지 않았다면 노생이 어찌 앞으로 나왔겠습니까? 병법에 '이익을 주어 적을 유인하며 적을 혼란스럽게 하여 이를 취한다'라 하였으니, 노생은 병법을 모르는 채 자신의 용맹만을 믿고 급히 진격해 나오면서 그 후미가 끊어질 줄은 생각지도 못하여 폐하에게 사로잡힌 것입니다. 이것이 소위 말하는 기奇로써 정正을 삼는다라는 것입니다."

태종이 말하였다.

"곽거병霍去病이 속으로 저절로 손자孫子와 오자吳子의 병법에 합당한 전투를 하였으니 진실로 이것이로군요! 당시 우군이 퇴각하자 고조高祖께서 실색하였지만 내가 분격하여 도리어 나의 이익을 얻었소. 손자와 오자의 병법이 이처럼 저절로 딱 맞아떨어졌으니 그대의 말은 실제 식견이 있는 셈입니다."

太宗曰:「朕破宋老生, 初交鋒, 義師少卻. 朕親以鐵騎自南原馳下, 橫突之. 老生兵斷後, 大潰, 遂擒之. 此正兵乎? 奇兵乎?」

靖曰:「陛下天縱聖武, 非學而能. 臣案兵法, 自黃帝以來, 先正而後奇, 先仁義而後權譎. 且霍邑之戰, 師以義舉者, 正也; 建成墜馬, 右軍少卻者, 奇也.」

太宗曰:「彼時少卻, 幾敗大事, 曷謂奇邪?」

靖曰:「凡兵, 以前向爲正, 後卻爲奇; 且右軍不卻, 則老生安致之來哉? 法曰:『利則誘之, 亂而取之.』老生不知兵, 恃勇急進, 不意斷後, 見擒於陛下, 此所謂以奇爲正也.」

太宗曰:「霍去病暗與孫吳合, 誠有是夫! 當右軍之卻也, 高祖失色, 及朕奮擊, 反爲我利. 孫吳暗合, 卿實知言.」

【宋老生】隋 煬帝 때의 장군. 霍邑(지금의 山西省 霍縣)을 지키고 있었으며 大業 13년(617), 李淵과 李世民 부자가 기병하여 수나라에 맞설 때 太原으로부터 이 곽읍에 이르러 송로생과 전투를 벌여 송로생을 패배시킴으로써 당나라 세력을 공고히 하기 시작함.

【義師】정의를 기치로 내세운 군대. 여기서는 이세민이 자신이 군사를 일으켜 수나라를 멸망시킨 것을 뜻함.

【鐵騎】철갑으로 무장한 기병. 정예부대를 말함.

【斷後】그 뒤를 끊음.

【天縱】하늘이 마음대로 하도록 능력을 부여하였음을 말함. 《論語》子罕篇에 "大宰問於子貢曰:「夫子聖者與? 何其多能也?」子貢曰:「固天縱之將聖, 又多能也.」子聞之, 曰:「大宰知我乎! 吾少也賤, 故多能鄙事. 君子多乎哉? 不多也.」牢曰:「子云:『吾不試, 故藝.』」"라 하였으며 주에 "縱, 猶肆也, 言不爲限量也"라 함.

【黃帝】고대 五帝의 하나로 중국 민족이 시조로 받듦. 土德으로 왕이 되어 黃帝라 함. 姬姓으로 호는 軒轅氏, 혹은 有熊氏라 하며 일찍이 阪泉(지금의 河北姓涿鹿)에서 炎帝(神農氏)를 쳐서 멸하였으며, 다시 涿鹿에서 蚩尤를 쳐서 이겼다함. 그의 《黃帝兵法》은 뒷사람이 의탁하여 쓴 것이며, 黃帝 《陰符經》이 전하나 이 역시 뒷사람이 위탁하여 쓴 것임.

【仁義・權譎】정의와 인을 명분으로 하여 충분히 분위기가 무르익었을 때 적을 정벌하였으며, 권변이나 궤휼, 사기 등을 이용하여 자신의 이익을 위해 전쟁을 일으키지 않았음을 뜻함.

【建成】李建成. 唐 高祖 李淵의 장자이며 李世民의 형. 玄武門의 정변(626)으로 아우 이세민에게 태자의 지위를 빼앗기고 피살당함. 그들이 처음 기병하였을 때 이연과 이건성 부자가 霍邑의 전투에서 불리하여 퇴각하면서 이건성이 말에서 떨어졌음. 이 때 宋老生의 군대가 진격하여 이씨 부자가 매우 불리한 상황에 처하게 되자, 城南에 있던 이세민이 그들의 측후를 공격하여 송로생 군대의 후미를 끊고 돌격하여 승리를 거두었음.

【利而誘之】《孫子》計篇에 "兵者, 詭道也. 故能而示之不能, 用而示之不用, 近而視(示)之遠, 遠而示之近. 利而誘之, 亂而取之, 實而備之, 强而避之, 怒而撓之, 卑而驕之, 佚而勞之, 親而離之, 攻其無備, 出其不意. 此兵家之勝, 不可先傳也"라 함.

【霍去病】西漢 武帝 때의 유명한 장수(B.C.140~117). 河東 平陽(지금의 山西省 臨汾縣) 사람으로, 모두 여섯 차례 匈奴 토벌에 나서서 이를 멀리 퇴각시킴. 이로써 驃騎將軍에 올랐으며 冠軍侯에 봉해짐. 그는 병법을 배우지 않았으나 그의 용병은 孫子나 吳子의 병법과 아주 같았음을 말한 것임.

【孫·吳】손자(孫武)와 오자(吳起). 중국 최고의 병법가.《史記》孫子吳起列傳 및 본〈武經七書〉총서《손자》와《오자》를 볼 것.

【高祖】李淵. 唐나라의 건국자이며 당의 첫 황제. 618~627년 재위. 이세민의 아버지. 당시 곽읍 전투에서 우군이 퇴각하자 크게 놀라 실색을 함.

【知言】식견이 높음을 뜻함.《孟子》公孫丑(上)에 "「何謂知言?」曰:「詖辭知其所蔽, 淫辭知其所陷, 邪辭知其所離, 遁辭知其所窮. 生於其心, 害於其政; 發於其政, 害於其事. 聖人復起, 必從吾言矣.」"라 함.

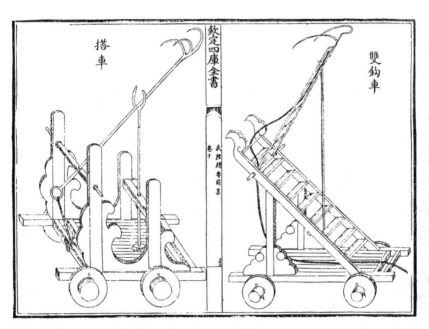

《武經總要》에 실려 있는 고대 각종 전투 장비

병법의 실행은 사람에게 달렸다

태종이 말하였다.

"무릇 병법에서 퇴각하는 것은 모두 기奇라 할 수 있습니까?"

이정이 말하였다.

"그렇지 않습니다. 무릇 병법에서의 퇴각이란 깃발이 제멋대로 흔들려 가지런하지 못하며, 북을 크고 작게 울려도 병사들이 응하지 않으며, 명령을 시끄럽게 내려도 병사들의 행동이 통일되지 않는다면, 이는 진실로 패하여 퇴각하는 것이지 기奇가 아닙니다. 만약 깃발이 가지런하고 북소리에 응하며 호령이 하나로 통일되었는데 서로 얽히고 설킨 듯하다면, 비록 퇴각하여 도망한다 해도 이는 패하여 도망하는 것이 아니라 틀림없이 그 속에 기奇가 숨겨져 있을 것입니다. 병법에 '거짓 도망가는 자는 추격하지 말라'라 하였고, 또 '능히 칠 수 있으나 치지 못하는 듯이 보여라'라 하였으니, 이러한 것을 두고 모두 기奇라 이르는 것입니다."

태종이 말하였다.

"곽읍의 전투에서 우군이 조금 물러선 것은 하늘의 뜻입니까? 노생이 사로잡힌 것은 사람이 한 일입니까?"

이정이 말하였다.

"만약 정병을 변화시켜 기로 삼지 않았거나, 기병을 변화시켜 정으로 삼지 않았다면 어찌 능히 승리할 수 있었겠습니까? 그러므로 용병에 뛰어난 자는 기정이 사람에게 있을 따름입니다. 변화를 일으켜 신처럼 하니 그 때문에 이를 미루어 하늘의 뜻에 합당하게 하는 것입니다."

태종은 머리를 숙이며 수긍하였다.

太宗曰：「凡兵卻皆謂之奇乎？」

靖曰：「不然. 夫兵卻, 旗參差而不齊, 鼓大小而不應, 今喧囂而
不一, 此眞敗卻也, 非奇也. 若旗齊鼓應, 號令如一, 紛紛
紜紜, 雖退走, 非敗也, 必有奇也. 法曰：『佯北勿追.』又曰：
『能而示之不能.』皆奇之謂也.」

太宗曰：「霍邑之戰, 右軍少卻, 其天乎？ 老生被擒, 其人乎？」

靖曰：「若非正兵變爲奇, 奇兵變爲正, 則安能勝哉？ 故善用兵者,
奇正在人而已. 變而神之, 所以推乎天也.」

太宗俛首.

【參差】올망졸망한 모습을 나타내는 雙聲連綿語. 가지런하지 못함. '참치'로
읽음.《詩經》國風 周南에 "關關雎鳩, 在河之洲. 窈窕淑女, 君子好逑. 參差荇菜,
左右流之. 窈窕淑女, 寤寐求之. 求之不得, 寤寐思服. 悠哉悠哉, 輾轉反側. 參差荇菜,
左右采之. 窈窕淑女, 琴瑟友之. 參差荇菜, 左右芼之. 窈窕淑女, 鍾鼓樂之"라 함.
【佯北勿追】《孫子》軍爭篇에 "故用兵之法, 高陵勿向, 背邱勿逆, 佯北勿從, 銳卒
勿攻, 餌兵勿食, 歸師勿遏, 圍師必闕, 窮寇勿追, 此用兵之法也"라 함.
【霍邑之戰】李淵과 李建成, 李世民 부자가 宋老生을 상대로 霍邑에서 싸운 전투.
001, 002 참조.
【俛首】고개를 숙임. 남의 의견을 알아듣고 감탄하며 수긍함을 말함.

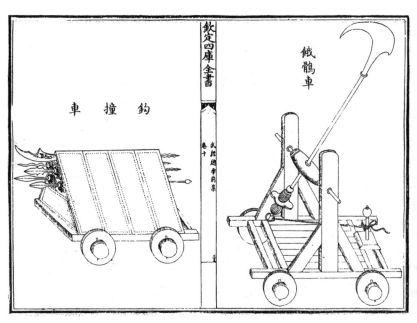

《武經總要》에 실려 있는 고대 각종 전투 장비

004(上-4)
기정奇正의 무궁한 응용

태종이 말하였다.

"기정奇正이란 원래부터 나뉘는 것입니까? 아니며 그 때에 임해서 그렇게 만드는 것입니까?"

이정이 말하였다.

"《조공신서曹公新書》를 근거해 보니 '자신은 둘을 가지고 있고 적은 하나를 가지고 있다면, 그 중 하나는 정으로 하고 그 하나는 기로 한다. 자신이 다섯을 가지고 있고 적은 하나를 가지고 있다면 셋은 정으로 하고 둘은 기로 한다'라 하였습니다. 이 말은 대략을 말한 것입니다. 오직 손무孫武만은 '전세는 기정일 뿐이다. 기정의 변화는 그 무궁함을 다할 수 없다. 기정의 상생은 마치 고리가 순환하여 끝이 없는 것과 같으니, 그 누가 능히 이를 끝까지 다하겠는가?'라 하였습니다. 이 원리를 터득하면 되는 것이니 어찌 원래부터 구분이 있겠습니까? 만약 사졸이 나의 방법을 아직 익히지 않았고, 편장偏將과 비장裨將이 아직 나의 명령에 익숙하지 않은 상태라면 반드시 이 두 가지 방법을 가르쳐야 합니다. 전투를 가르칠 때에 각기 자신들의 깃발과 북소리를 인식하고, 차례대로 분산과 집합을 익혀야 합니다. 그러므로 '분리와 집합을 변화 있게 하라' 하였으니, 이것이 전투를 가르치는 방법입니다.

교련과 열병이 이미 완성되었고, 군사들이 모두 나의 법을 알고 있은 연후에는 마치 양 떼를 모는 것과 같아, 장수가 손가락으로 지시만 하면 될 것이니 누가 기정을 구별하려 들겠습니까? 손무가 말한 바 '상대는 그 형태를 드러내도록 유도하고, 나는 나의 형태를 숨겨라' 하였으니 이것이 바로 기정의 극치입니다. 이 까닭으로 원래의 구분이란 교련과 열병이며, 그 때에 임하여 변화를 만들어 내고 통제한다는 것은 그 무궁함을 끝까지 다 해 낼 수가 없는 것입니다."

태종이 말하였다.

"깊고 깊도다! 조공은 틀림없이 이를 알고 있었을 것입니다. 다만 《신서》에서 여러 장수들에게 일러 주었을 뿐 기정의 본법은 아니었을 것입니다."

太宗曰:「奇正素分之歟? 臨時制之歟?」

　靖曰:「案《曹公新書》曰:『己二而敵一, 則一術爲正, 一術爲奇;
　　　　己五而敵一, 則三術爲正, 二術爲奇.』此言大略爾. 唯孫
　　　　武云:『戰勢不過奇正, 奇正之變, 不可勝窮. 奇正相生,
　　　　如循環之無端, 孰能窮之?』斯得之矣, 安有素分之邪?
　　　　若士卒未習吾法, 偏裨未熟吾令, 則必爲之二術. 敎戰時,
　　　　各認旗鼓, 迭相分合. 故曰『分合爲變』, 此敎戰之術爾.
　　　　敎閱旣成, 衆知吾法, 然後如驅群羊, 由將所指, 孰分奇
　　　　正之別哉! 孫武所謂『形人而我無形』, 此乃奇正之極致.
　　　　是以素分者, 敎閱也; 臨時制變者, 不可勝窮也.」

太宗曰:「深乎, 深乎! 曹公必知之矣. 但《新書》所以授諸將而已,
　　　　非奇正本法.」

【曹公新書】曹操(155~220)가 지은 군사 병법에 관한 책. 지금은 전하지 않으나 이 내용이 조조의《孫子注》에 널리 들어 있음.

【孫武】孫子를 말함. 자는 長卿. 춘추시대 齊나라 사람으로 중국 최고의 병법가. 《孫子兵法》이 전함.《史記》孫子吳起列傳 참조.

【戰勢不過奇正】《孫子》勢篇에 "凡戰者, 以正合, 以奇勝. 故善出奇者, 無窮如天地, 不竭如江河. 終而復始, 日月是也. 死而復生, 四時是也. 聲不過五, 五聲之變, 不可勝聽也. 色不過五, 五色之變, 不可勝觀也. 味不過五, 五味之變, 不可勝嘗也. 戰勢不過奇正, 奇正之變, 不可勝窮也. 奇正相生, 如循環之無端, 孰能窮之?"라 함.

【偏裨】偏將과 裨將. 장군의 보좌를 말함. 원래 '偏'은 전차부대를 가리킴. 편장은 각 전차의 소장을 가리킴.

【分合爲變】《孫子》軍爭篇에 "不知山林·險阻·沮澤之形者, 不能行軍; 不用鄕導者, 不能得地利. 故兵以詐立, 以利動, 以分合爲變者也. 故其疾如風, 其徐如林, 侵掠如火, 不動如山, 難知如陰, 動如雷霆. 掠鄕分衆, 廓地分利, 懸權而動. 先知迂直之計者勝, 此軍爭之法也"라 함.

【敎閱】교련과 열병.

【形人而我無形】《孫子》虛實篇에 "故形人而我無形, 則我專而敵分; 我專爲一, 敵分爲十, 是以十擊其一也, 則我衆而敵寡; 能以衆擊寡者, 則吾之所與戰者, 約矣. 吾所與戰之地, 不可知; 不可知, 則敵所備者多, 敵所備者多, 則吾之所戰者, 寡矣"라 함.

005(上-5)
무형無形의 오묘한 이치

태종이 말하였다.

"조공曹公은 기병奇兵은 '옆으로 치고 들어간다'라 하였는데 그대는 어떻게 생각하오?"

이정이 말하였다.

"제가 《조공신서》의 《손자》를 주석한 것을 보았더니 '먼저 교전을 벌이면서 내놓아야 할 것은 정正이며, 그런 뒤에 기奇를 써야 한다'라 하였습니다. 이는 곁에서 치고 들어간다는 말과 차이가 있습니다. 저의 어리석은 생각으로는 많은 무리가 서로 교전을 벌이는 것을 '정'이라 볼 수 있으며, 장수가 자신의 판단에 따라 내놓는 방법이 '기'라 볼 수 있습니다. 그러니 어찌 먼저와 나중 또는 곁에서 친다는 논리에 얽매일 필요가 있겠습니까?"

태종이 말하였다.

"나의 '정'을 적으로 하여금 '기'로 여기게 하고, 나의 기를 적으로 하여금 정으로 여기게 하는 것이 곧 말한 바 '형인形人'이라는 것이겠군요? 기로써 정을 삼고 정으로써 기를 삼아 그 변화를 측량할 수 없도록 함이 바로 말한 바 '무형無形'이라는 것이겠군요?"

이정이 재배하면서 말하였다.

"폐하의 신령하심은 옛사람보다 훨씬 뛰어나십니다. 신이 미칠 바가 못 되옵니다."

太宗曰:「曹公云奇兵旁擊, 卿謂若何?」

　靖曰:「臣按曹公注《孫子》曰:『先出合戰爲正, 後出爲奇.』
　　　　此與旁擊之說異焉. 臣愚謂大衆所合爲正, 將所自出
　　　　爲奇, 烏有先後旁擊之拘哉?」

太宗曰:「吾之正, 使敵視以爲奇, 吾之奇, 使敵視以爲正, 斯所謂
　　　　『形人』者歟? 以奇爲正, 以正爲奇, 變化莫測, 斯所謂
　　　　『無形』者歟?」

　靖再拜曰:「陛下神聖, 逈出古人, 非臣所及.」

【奇兵旁擊】《孫子》勢篇의 曹操 주의 구절.
【先出合戰爲正】역시《孫子》勢篇 조조의 주.
【烏】어찌. 의문부사. 安, 惡, 焉과 같음. 何의 뜻.
【形人·無形】形人은 남에게 겉으로 보여 陽動作戰을 폄을 말하며, 無形은 적이
　나의 작전을 알아낼 수 없도록 고도의 혼란작전을 폄을 뜻함.

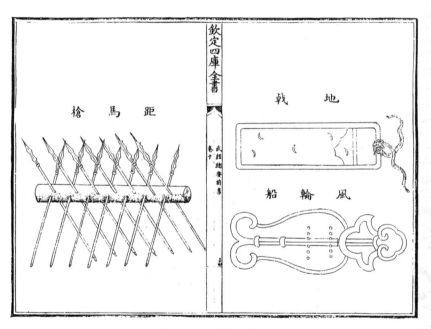

《武經總要》에 실려 있는 고대 각종 전투 장비

변화와 순환

태종이 말하였다.

"분리하되 합하고 합하되 분리한다라는 변화에서 기정을 어디에 둡니까?"

이정이 말하였다.

"용병에 뛰어난 자는 정正이 아닌 것이 없고, 기奇가 아닌 것이 없어 적으로 하여금 헤아릴 수 없도록 합니다. 그러므로 '정'으로 싸워도 이기고 '기'로 싸워도 이기는 것입니다. 삼군의 병사들이 오직 그 승리만 알면 될 뿐 어떻게 승리했는지는 알지 못하여도 됩니다. 변화시켜 능히 통달하지 않고서야 어찌 이런 경지를 이루어 낼 수 있겠습니까? 분리와 집합이 나오는 것은 오직 손무孫武만이 능히 해 낼 수 있으며, 오기吳起는 그 아래로서 그에 미치지 못합니다."

태종이 말하였다.

"오기의 전술은 어떠하였습니까?"

이정이 말하였다.

"제가 청컨대 대략을 말씀드리겠습니다. 위魏 무후武侯가 오기에게
두 군대가 서로 마주 보고 있을 때 어떻게 하는가를 물었습니다. 그러자
오기는 이렇게 대답하였지요. '지위는 낮으나 용감한 자를 시켜 앞서
나가 이들을 치게 합니다. 그리고 접전이 벌어지면 패하여 도망 오도록
하고 그들이 도망 와도 처벌하지 않습니다. 그리고 적이 오는 것을
관찰하여 한 번은 물러서 앉았다가 다시 일어서기를 반복하며 그들이
달아날 때는 추격하지 않습니다. 이렇게 하면 적이 어떤 모책을 쓰고
있는지를 알 수 있습니다. 만약 아군이 모두 나서 그들을 추격할 때
적의 행렬이 멈추었다가 종횡으로 흩어진다면, 이는 적 장수 중에
재능이 있는 자가 없다는 것이 됩니다. 이 때는 공격하되 의심할 것도
없습니다.' 제가 여기기로는 오기의 전술은 대체적으로 거의가 이런
것으로 손무가 말한 바 정正으로써 교전한다는 것에 미치지 못합니다."

태종이 말하였다.

"그대의 외삼촌 한금호韓擒虎는 일찍이 말한 적이 있습니다. 그대는 그와 손자, 오기의 병법에 대하여 기정奇正으로써 토론한 적이 있습니까?"

이정이 말하였다.

"한금호가 어찌 기정의 지극함을 알겠습니까! 단지 기를 기로만 알고 정을 정으로만 알뿐입니다. 끝내 그는 기정의 변화와 순환의 무궁함을 알지 못할 것입니다."

太宗曰：「分合爲變者，奇正安在？」

　靖曰：「善用兵者，無不正，無不奇，使敵莫測．故正亦勝，奇亦勝．三軍之士，止知其勝，莫知其所以勝．非變而能通，安能至是哉？分合所出，唯孫武能之，吳起而下，莫可及焉．」

太宗曰：「吳術若何？」

　靖曰：「臣請略言之．魏武侯問吳起兩軍相向，起曰：『使賤而勇者前擊，鋒始交而北，北而勿罰，觀敵進取．一坐一起，奔北不追，則敵有謨矣；若悉衆追北，行止縱橫，此敵人不才，擊之勿疑』臣謂吳術大率多此類，非孫武所謂以正合也．」

太宗曰：「卿勇韓擒虎嘗言，卿可與論孫吳，亦奇正之謂乎？」

　靖曰：「擒好安知奇正之極！但以奇爲奇，以正爲正爾，曾未知奇正相變循環無窮者也．」

【吳起】 전국시대의 유명한 병법가(?~B.C.378). 衛나라 출신으로《漢書》藝文志에 그의《吳起兵法》48편이 저록되어 있으며 지금은 실전되었음. 지금 전하는 《吳子》6편은 뒷사람이 의탁하여 쓴 것으로 여김.《史記》孫子吳列傳 참조.

【魏武侯】 전국시대 위나라 군주. 이름은 魏擊. 위문후의 아들로 B.C.395~370년 재위. 오기가 그와 나눈 병법에 관한 기록이《오자》에 들어 있음.

【兩軍相向】《吳子》論將篇에 "武侯問曰:「兩軍相望, 不知其將, 我欲相之, 其術 如何?」 起對曰:「令賤而勇者, 將輕銳以嘗之, 務於北, 無務於得. 觀敵之來, 一坐 一起, 其政以理, 其追北佯爲不及, 其見利佯爲不知, 如此將者, 名爲智將, 勿與戰矣. 若其衆讙譁, 旌旗煩亂, 其卒自行自止, 其兵或縱或橫, 其追北恐不及, 見利恐不得, 此爲愚將, 雖衆可獲.」"이라 함.

【使賤而勇者前擊~擊之勿疑】《吳子》論將篇의 내용. 위의 주를 볼 것.

【韓擒虎】 자는 子通. 隋나라 때의 장군으로 河南 東垣 출신. 隋 文帝 開皇 9년(589), 수나라가 남조 陳나라를 멸할 때 輕騎 5백 명으로 建康(南京)을 공격 하여 陳 後主를 사로잡고 천하 통일을 수행함. 이 공으로 上柱國에 봉해졌음. 이정의 외삼촌(舅)이었음.《十八史略》에 "隋以晉王廣爲元帥, 帥師伐陳, 楊素· 韓擒虎·賀若弼, 分道而出"라 함.

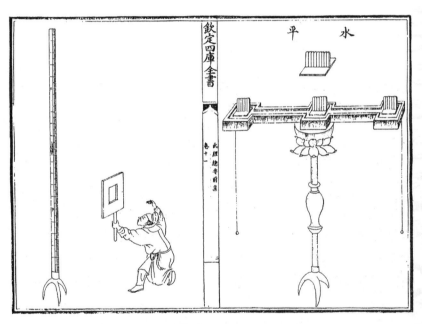

《武經總要》에 실려 있는 고대 각종 전투 장비

007(上-7)
뛰어난 자와 못 미치는 자

태종이 말하였다.

"옛사람은 전투에 임하여 기奇를 내어 뜻밖의 방법으로 적을 공격하였는데, 이 역시 상변相變의 방법입니까?"

이정이 말하였다.

"전 시대의 전투는 주로 작은 전술로써 아무런 전술도 가지지 못한 자를 이겼으며, 작은 장점으로 아무런 장점을 가지지 못한 적을 상대로 이겼을 뿐입니다. 그러니 이것이 어찌 족히 병법을 논할 거리가 되겠습니까? 이를테면 사현謝玄이 부견符堅을 깨뜨린 것과 같은 경우, 이는 사현이 뛰어난 것이 아니라 부견이 모자랐기 때문이었던 것입니다."

태종이 신하를 돌아보며 《사현전謝玄傳》을 찾아 읽어 보도록 하면서 말하였다.

"부견은 어느 면에서 뛰어나지 못했던 것입니까?"

이정이 말하였다.

"제가 《부견재기符堅載記》를 살펴보았더니, '진(秦, 前秦)의 군사들이 모두 궤멸되었으나 유독 모용수慕容垂의 군대만이 온전하였다. 부견이 천여 기의 군사로 달려가자, 부견의 아들 모용보慕容寶가 아버지 모용수에게 부견을 죽여 버리도록 하였지만 실행하지 않았다'라 하였습니다. 이는 부견의 진나라 군사가 혼란이 일어났음을 나타내는 것입니다. 모용수의 군대만이 온전하였다는 것은, 부견이 모용수의 함정에 빠졌음이 분명합니다. 무릇 남의 함정에 빠지고도 적을 이겨 승리하기를 바란다는 것은, 그 역시 어려운 일이 아니겠습니까? 저는 이 까닭으로 아무런 전술이 없었다고 말하는 것이니, 부견과 같은 경우가 바로 이런 유입니다."

태종이 말하였다.

"《손자孫子》가 말한 바 많은 계산이 적은 계산을 이긴다고 하였으니, 이로써 그나마 조금이라도 계산하는 자는, 아무런 모책도 세우지 못하는 자를 이길 수 있음을 알 수 있으리니, 일이란 모든 것이 그런 것이군요."

太宗曰:「古人臨陳出奇, 攻人不意, 斯亦相變之法乎?」

　靖曰:「前代戰鬪, 多是以小術而勝無術, 以片善而勝無善, 斯安
　　　　足以論兵法也? 若謝玄之破符堅, 非謝玄之善也, 蓋符
　　　　堅之不善也.」

太宗顧侍臣檢《謝玄傳》,

閱之曰:「符堅甚處是不善?」

　靖曰:「臣觀《符堅載記》曰:『秦諸軍皆潰敗, 唯慕容垂一軍獨全,
　　　　堅以千餘騎赴之, 垂子寶勸垂殺堅, 不果.』此有以見秦
　　　　師之亂. 慕容垂獨全, 蓋堅爲垂所陷明矣. 夫爲人所陷
　　　　而欲勝敵, 不亦難乎! 臣故曰無術焉, 符堅之類是也.」

太宗曰:「《孫子》謂『多算勝少算』, 有以知少算勝無算, 凡事皆然.」

【謝玄】謝玄(343~388). 자는 幼度. 어릴 때의 자는 遏(羯). 謝奕의 아들이며
謝靈運의 조부. 謝安의 조카. 徐州刺史로서 謝石, 謝琰 등과 肥水(淝水)에서
苻堅을 대파함. 그로 인해 康樂侯公에 봉해졌으며 죽은 뒤 車騎將軍으로 추증됨.
《晉書》(79)에 전이 있음. 진나라 太元 8년(383)에 苻堅이 백만 대군을 이끌고
남하하여 東晉을 공격해 오자, 동진에서는 謝玄에게 8만 병사를 주어 雒澗(지금의
安徽省 동남쪽)에서 대치하였다가 비수(淝水)에서 이들을 괴멸시켰음. 역사상
이를 '비수지전'이라 하며 북방 세력을 저지시킨 중대한 전투로 평가함.

【苻堅】자는 永固(338~385). 혹은 文玉. 晉나라 때 五胡 중에 제일 강하였던
氏族이 세운 前秦의 군주(357~385 재위). 苻健이 秦을 세우고 아들 苻生에게
물려주자, 부견이 부생을 죽이고 자립함. 이어 차례로 前燕과 前涼, 代 등을
취하여 강해지자, 晉나라를 공략하여 淝水에서 謝玄 등과 결전을 벌여 대패함.
이에 鮮卑, 羌 등이 이반하여 국세가 약해졌으며, 결국 姚萇(羌族)이 그와
태자 苻宏을 살해하고 後秦을 세움. 《晉書》(113)에 전이 있음.

【甚處】'甚'은 '何'와 같음. 백화어의 '甚麼', '什麼'의 당시 표기.

【苻堅載記】《晉書》(114)의 부견에 관한 기록.

【慕容垂】326~396. 後燕의 건국 군주. 鮮卑族으로 昌黎 棘城(지금의 遼寧省
義縣) 출신으로 五胡十六國 때 後燕을 세웠음. 前燕에 의해 吳王에 봉해졌으나,
前秦의 苻堅에게 투항하여 그를 도와 전연을 멸하고, 淝水之戰에 前秦이 패하자,
그 틈을 타 燕나라를 회복하고 中山(지금의 河北 定縣)에 도읍을 정함. 慕容寶는
모용수의 아들. 《十八史略》에 모용수는 苻堅이 東晉에게 덤벼 패하기를 바라
그 틈을 노렸음. "秦遣兵分道寇晉陷諸郡, 執襄陽刺史朱序以歸, 已而議大擧. 或謂:
「晉有長江之險.」堅曰:「以吾之衆, 投鞭於江, 可斷其流」時中外皆諫, 惟慕容垂·
姚萇, 欲乘其釁, 勸之南伐. 堅遂發長安戌卒六十餘萬, 騎二十七萬"라 함.

【多算勝少算】《손자》計편에 "夫未戰而廟算勝者, 得算多也; 未戰而廟算不勝者,
得算少也. 多算勝, 少算不勝, 而況於無算乎! 吾以此觀之, 勝負見矣"라 함.

008(上-8)
악기문握奇文의 뜻

태종이 말하였다.

"황제黃帝의 병법으로 세상에 전하는 《악기문握奇文》을 혹 《악기문握機文》이라고도 하는데 무엇을 말한 것입니까?"

이정이 말하였다.

"기奇는 음이 기機입니다. 그 때문에 기機라고도 전하며 그 뜻은 같습니다. 그 말을 상고해 보니 '네 가지는 정正이 되고, 네 가지는 기奇가 되며, 나머지는 악기握機가 된다'라 하였는데, 기奇는 나머지라는 뜻으로 이 때문에 음이 기機인 것입니다. 저의 어리석은 생각으로는 병법에 기奇가 아닌 것이 없으니, 어찌 악握에만 뜻을 두어 말한 것이겠습니까? 의당 여기餘奇라고 여겨야 맞는 것입니다. 무릇 정병正兵은 임금에게 받는 것이며, 기병奇兵은 장수가 스스로 판단해 내는 것입니다. 병법에 '평소 하던 대로 명령을 내려 그 사졸을 가르치면 사졸이 복종한다'라 하였으니, 이는 장수가 스스로 내는 모책입니다. 무릇 장수가 정正만 쓰며 기奇를 쓰지 않는다면 이는 지키기만 하는 장수(守將)이며, 기奇만 쓰고 정正을 쓰지 않는다면 이는 전투만 하는 장수(鬪將)입니다. 기정奇正을 모두 터득해야 나라의 보필이 될 수 있는 것입니다. 이 까닭으로 악기握機와 악기握奇는 본래 두 가지 다른 병법이 아니며, 배우는 자라면 함께 통달해야 할 것일 따름입니다."

太宗曰:「黃帝兵法, 世傳《握奇文》或謂爲《握機文》, 何謂也?」

靖曰:「奇音機, 故或傳爲機, 其義則一. 考其詞云:『四爲正, 四爲奇, 餘奇爲握機.』奇, 餘零也, 因此音機. 臣愚謂兵無不是機, 安在乎握而言也? 當爲餘奇則是. 夫正兵受之於君, 奇兵將所自出. 法曰:『令素行以教其民者, 則民服.』此受之於君者也. 又曰:『兵不豫言. 君命有所不受.』此將所自出者也. 凡將, 正而無奇, 則守將也; 奇而無正, 則鬪將也; 奇正皆得, 國之輔也. 是故握機·握奇, 本無二法, 在學者兼通而已.」

【握奇文】 고대의 병서. 《握奇經》,《握機經》,《幄機經》 등으로도 쓰며, 1권 380여 자의 책자. 〈四庫全書〉에 《握奇經》이 있으며, 黃帝의 신하 風后가 짓고 漢나라 때 公孫弘이 解를 지었으며 晉나라 馬隆이 讚을 쓴 것으로 되어 있음.

【四爲正~餘奇爲握機】 握機陣을 말하며 天·地·風·雲 4가지 陣을 '四正'이라 하고, 龍·虎·鳥·蛇 4가지 진을 '四奇'로 하여 포진 형태를 갖추며, 이에 속하지 아니하는 진을 '餘奇'라 하여 가운데 中軍이 되어 전체를 지휘하고 통솔함을 말함.

【令素行以教其民者, 則民服】《孫子》行軍篇에 "令素行以教其民, 則民服; 令不素行以教其民, 則民不服. 令素信著者, 與衆相得也"라 함.

【兵不豫言. 君命有所不受】《孫子》九變篇에 "孫子曰: 凡用兵之法, 將受命於君, 合軍聚衆, 圮地無舍, 衢地合交, 絶地無留, 圍地則謀, 死地則戰. 塗有所不由, 軍有所不擊, 城有所不攻, 地有所不爭, 君命有所不受. 故將通於九變之利者, 知用兵矣"라 함.

태종이 말하였다.

"악기진握奇陳에는 모두 아홉 가지가 있으며, 그 가운데 흩어진 것을 대장이 장악하며 사면四面과 팔향八向은 모두가 이에 준한다. 진영 사이에 다시 진영을 포함하며, 부대와 부대 사이에 부대를 포함합니다. 앞을 뒤로 삼고 뒤를 앞으로 여깁니다. 진격할 때라 해도 급히 내닫지 아니하며, 물러설 때라 해도 급히 달아나지 않습니다. 네 개의 머리와 여덟 개의 꼬리가 서로 만나 머리를 만들어, 적이 그 가운데를 치면 두 머리가 모두 서로 구제합니다. 그러나 가짓수는 다섯에서 시작하여 여덟에서 끝낸다고 하였는데 이는 무슨 뜻입니까?"

이정이 말하였다.

"제갈량은 돌을 가로 세로로 깔아 여덟 줄 형태를 만들었습니다. 방진方陳의 법칙은 바로 이러한 형태의 그림입니다. 저는 일찍이 교련과 열병을 하면서 반드시 먼저 이 진법으로써 하였습니다. 세상이 전하는 《악기문》은 대체로 그 거친 일부만을 알려 준 것입니다."

태종이 말하였다.

"천天·지地·풍風·운雲·용龍·호虎·조鳥·사蛇 이 여덟 가지 진법이란 무슨 뜻입니까?"

이정이 말하였다.

"전해 온 자가 오류를 범한 것입니다. 옛사람은 이 법을 비밀로 숨겨 두어 그 때문에 억지 궤변으로 이 여덟 가지 이름이 붙었을 뿐입니다. 여덟 가지 진법은 본래 하나로써 이를 여덟 가지로 나눈 것입니다. 이를테면 천지라 하는 것은 깃발과 신호에 근본을 둔 것이며, 풍운이란 깃발의 명칭에 근본을 둔 것이며, 용호니 조사니 하는 것은 대오의 구별에 근거한 것입니다. 후세에 이를 잘못 전달하여 궤변으로 물건을 상징하는 것으로 한 것이니, 어찌 겨우 여덟 가지에 그칠 수 있겠습니까?"

太宗曰:「陳數有九, 中心零者, 大將握之, 四面八向, 皆取準焉.
　　　　陳間容陳, 隊間容隊. 以前爲後, 以後爲前. 進無速奔,
　　　　退無遽走. 四頭八尾, 觸處爲者, 敵衝其中, 兩頭皆救.
　　　　數起於五, 而終於八, 此何謂也?」

　靖曰:「諸葛亮以石縱橫佈爲八行, 方陳之法卽此圖也. 臣嘗敎閱,
　　　　必先此陳. 世所傳《握機文》, 蓋得其麤也.」

太宗曰:「天地風雲龍虎鳥蛇, 斯八陳何義也?」

　靖曰:「傳之者誤也. 古人秘藏此法, 故詭設八名爾. 八陳本一也,
　　　　分爲八焉. 若天地者, 本乎旗號; 風雲者, 本乎幡名; 龍虎
　　　　鳥蛇者, 本乎隊伍之別. 後世誤傳. 詭設物象, 何止八而
　　　　已乎?」

【陳數有九】握機陣에는 四正(天地風雲)과 四奇(龍虎鳥蛇) 외에 가운데의 餘奇
(中軍)가 있어 모두 아홉 가지가 됨.

【四頭八尾】네모 형태로 진형을 마련하여 네 방향을 향하며, 그 중 하나가 적과
마주쳐 싸울 때 나머지 8개 陣은 後尾 역할을 함.

【諸葛亮~佈爲八行】八行은 제갈량의 八陳圖를 말함. 제갈량이 돌을 모아 팔진도의
도형을 그려 설명하였다 하며, 그가 이 팔진도로 훈련을 한 유적은 陝西 沔縣과
四川 奉節縣, 그리고 新繁縣 등이었다 함.

【麤】'粗'와 같은 뜻. 거칠고 조악한 일부만을 전수하였음을 말함.

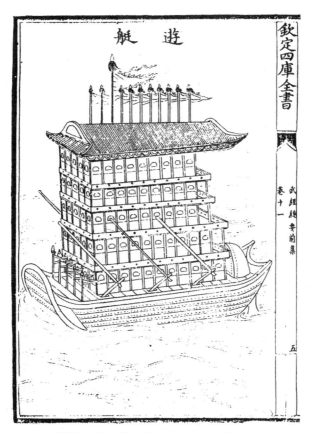

《武經總要》에 실려 있는 고대 각종 전투 장비

구정지법丘井之法

태종이 말하였다.

"숫자는 오五에서 시작하여 팔八에서 끝난다면, 이는 상징을 내세운 것이 아니라 실제로 옛날의 제도입니다. 경께서는 시험삼아 진술해 주시오."

이정이 말하였다.

"제가 알기로는 황제黃帝가 처음 세웠다는 구정지법丘井之法을 근거로 하여 병법을 제정한 것입니다. 그 때문에 정으로 나누되 네 개의 길을 만들고, 여덟 집을 각기 그 토지에 처하게 하여 그 형태가 '정井'자와 같아 아홉으로 나누어 방위를 잡은 것입니다. 그리하여 다섯을 진법으로 하고 넷을 그 사이의 토지로 하였으니, 이를 일러 '숫자는 다섯에서 시작한다'라 한 것입니다. 그 가운데를 비워 두어 대장大將이 거하도록 하고, 그 사면을 둘러 여러 부가 연이어 둘러치는 것이니, 이것이 소위 '팔에서 끝난다'라는 것입니다. 그 형태를 변화시켜 적을 제압할 때라면, 서로 얽히고 설켜 그 혼란한 틈을 타서 전투를 벌이되, 그 법은 혼란이 없으며 혼돈 상태를 이루어 그 모습이 동그랗지만 그 세력은 흩어지지 않는 것이니, 이를 일러 흩어져도 여덟을 이루며 다시 모여 하나가 된다고 하는 것입니다."

태종이 말하였다.

"깊도다. 황제의 병법 제정이여! 후세에 비록 하늘과 같은 지혜에 귀신과 같은 책략을 가졌다 해도 능히 그 범위를 벗어날 수 없겠습니다. 그 뒤로 누가 이를 이어받았습니까?"

이정이 말하였다.

"주周나라가 처음 일어설 때라면 태공太公이 실제로 그 병법을 잘 닦고 다듬었으며, 처음 기도岐都에서 시작하여 정무법井畝法을 세웠던 것입니다. 그리고 융거戎車 3백 량과 호분虎賁 3천 명으로 군제軍制를 마련하였으며, 6보步・7보와 6벌伐・7벌로써 전투 방법을 가르쳤으며, 목야牧野에서 진을 치면서 태공이 백 명씩 묶어 사師를 조직하여 무공武功을 성취시키고, 4만 5천 명으로 주紂의 70만 무리를 상대로 승리를 거두었던 것입니다.

주나라 《사마법司馬法》은 본래 태공의 병법입니다. 태공이 죽고 나서 제齊나라 사람이 그 법을 얻었던 것입니다. 환공桓公에 이르러 천하를 제패할 때, 관중管仲을 임용하여 다시 태공의 병법을 수정하였 는데, 이를 일러 절제지사節制之師라 하여 제후들이 모두 그에 복종 하였던 것입니다."

태종이 말하였다.

"유자儒者들은 흔히 관중은 패자의 신하일 뿐이며, 병법이 곧 왕도 정치 제도에 근본을 둔 것임을 조금도 알지 못하고 있었다고 하였습니다. 그런데 제갈량諸葛亮을 평하면서는 왕도의 보좌가 될 재능을 가진 자로써 스스로 관중이나 악의樂毅에 비할 만하다 하였으니, 이를 통해 관중도 역시 왕도 정치의 보좌임을 알 수 있습니다. 그러나 주나라가 쇠하여질 때 왕도 정치를 더 이상 쓸 수 없었으며, 그 때문에 제나라가 이를 빙자하여 군대를 일으켰을 뿐입니다."

이정이 두 번 절하며 말하였다.

"폐하의 신성하심은 사람을 알아보심이 이와 같습니다. 늙은 저는 비록 죽는 한이 있다 해도 옛날 현인에 부끄럽지 않습니다. 신은 청컨대 관중이 제나라 법을 만들었다고 말할 수 있습니다. 제나라를 셋으로 나누어 삼군으로 삼고, 다섯 가구씩을 묶어 궤軌로 하며, 그 때문에 다섯 사람씩을 묶어 오伍라 하고, 열 개의 궤를 묶어 이里로 하며, 그 때문에 오십 명을 묶어 소융小戎으로 하였으며, 네 개의 이里를 묶어 연連으로 하였으며, 그 때문에 1백 명을 묶어 졸卒로 하고, 열 개의 연連을 묶어 향鄕으로 하며, 그 때문에 2천 명을 단위로 여旅로 하였으며, 다섯 향鄕을 하나의 사師로 하여, 그 때문에 1만 명이 군軍이 되는 것입니다. 이는 역시 《사마법》의 일사一師가 오려五旅가 되며, 일려一旅가 오졸五卒이 된다는 뜻과 같습니다. 실제로는 모두가 태공이 남긴 병법입니다."

太宗曰：「數起於五而終於八，則非設象，實古制也. 卿試陳之.」

靖曰：「臣案黃帝始立丘井之法，因以制兵. 故井分四道，八家處之，其形『井』字，開方九焉. 五爲陳法，四爲間地，此所謂『數起於五』也. 虛其中，大將居之，環其四面，諸部連繞，此所謂『終於八』也. 及乎變化制敵，則紛紛紜紜，鬬亂而法不亂，渾渾沌沌，形圓而勢不散，此所謂散而成八，復而爲一者也.」

太宗曰：「深乎，黃帝之制兵也! 後世雖有天智神略，莫能出其閫閾. 降此孰有繼之者乎?」

靖曰：「周之始興，則太公實繕其法; 始於岐都，以建井畝; 戎車三百兩，虎賁三千人，以立軍制; 六步七步，六伐七伐，以教戰法. 陳師牧野，太公以百夫致師，以成武功，以四萬五千人，勝紂七十萬衆. 周《司馬法》，本太公者也. 太公旣沒，齊人得其遺法. 至桓公霸天下，任管仲，復脩太公法，謂之節制之師，諸侯畢服.」

太宗曰：「儒者多言管仲霸臣而已，殊不知兵法乃本於王制也. 諸葛亮王佐之才，自比管樂，以此知管仲亦王佐也. 但周衰時，王不能用，故假齊興師爾.」

靖再拜曰：「陛下神聖，知人如此，老臣雖死，無媿昔賢也. 臣請言管仲制齊之法: 三分齊國，以爲三軍; 五家爲軌，故五人爲伍; 十軌爲里，故五十人爲小戎; 四里爲連，故二百人爲卒; 十連爲鄉，故二千人爲旅; 五鄉一師，故萬人爲軍. 亦由《司馬法》一師五旅·一旅五卒之義焉. 其實皆得太公之遺法.」

【丘井之法】 殷周 시대의 토지 구분 제도. 丘와 井은 모두 分田제도에서의 구역을 나누는 단위. 井은 9, 丘는 16정이었다 함. 井은 아홉 중 가운데는 공전 기타는 사전으로 하여 납세하였음. 이를 井田法이라 하며 《孟子》에 자세히 실려 있음.

【開方九焉】 井자형의 분전으로 모두 9개의 구역이 됨을 뜻함.

【五爲陳法】 前後左右와 중앙을 합하여 모두 다섯 개의 진을 형성함.

【闔閭】 구역, 경계, 범위 등을 뜻함.

【周】 중국 고대 나라 이름. 周 武王이 殷을 멸하고, 鎬京(지금의 陝西省 長安)에 도읍을 정함. 그 뒤 B.C.770년 平王이 戎族에 의해 洛邑(지금의 河南省 洛陽)으로 도읍을 옮긴 이후를 東周라 하며, 이 동주의 전반기를 春秋, 후반기에서 秦의 통일(B.C.221) 전까지를 戰國시대라 함.

【太公】 姜太公. 呂尙. 성은 姜氏, 呂氏. 자는 子牙. 西周 초기 武王의 太師가 되어 '尙父'로도 불림. 주나라가 은을 멸한 뒤 分封 때 齊나라를 받아 제나라 시조가 됨. 太公(古公亶甫)이 주나라를 위해 기다리던 사람이라 하여 '太公望'이라 불리며, 渭水에서 낚시를 하다가 무왕을 만난 것으로 널리 알려져 있음. 그의 병법서 《六韜》는 전국시대 그의 이름을 의탁하여 지어진 것으로 보고 있음.

【岐都】 周나라 太公(太王) 古公亶甫(古公亶父)가 일찍이 岐山 아래에 처음 도읍을 정하였던 일을 말함.

【井畝】 井畝法. 즉 井田法을 말함.

【虎賁】 고대 용사들을 일컫는 말.

【牧野】 지명. 지금의 河南省 淇縣. 周 武王이 이곳에서 은나라 紂王을 멸함.

【司馬法】 고대의 병서. 전국 시대 齊나라 威王 때 고대 병법을 정리한 것으로 보며 지금 전하는 《司馬法》은 司馬穰苴가 저술한 것으로 알려짐.

【桓公】 춘추 오패의 첫 패자로 제나라 군주(?~B.C.643). 이름은 小白. 管仲을 재상으로 하여 강력한 패권자로 부상하였으며 '尊王攘夷'의 명분 아래 "九合諸侯, 一匡天下"한 것으로 널리 알려짐. 《史記》 齊太公世家 참조.

【管仲】춘추시대 제 환공을 도와 패자로 만든 인물(?~B.C.645). 管鮑之交의
　고사를 낳았으며, 이름은 夷吾, 자는 仲. ‘仲父’로 불림.《史記》管晏列傳 참조.
【節制】전황을 내가 주도권을 잡고 진격과 퇴각, 도전과 응전, 공격과 수비를
　마음대로 조절하고 제압하는 것을 말함.
【樂毅】전국시대 燕나라 장수. 齊나라를 쳐서 70여 개 성을 함락시켰으나,
　뒤에 田單의 용간계에 걸려 騎劫이 대신 장수가 되자 趙나라로 망명함.《史記》
　樂毅列傳 참조.
【軌】고대 戶口의 편제.
【伍】고대 가장 기본적인 군제 단위. 다섯 명을 단위로 ‘伍’라 함.《周禮》夏官
　司馬에 “凡制軍, 萬二千五百人爲軍. 王六軍, 大國三軍, 次國二軍, 小國一軍.
　軍將皆命卿. 二千有五百人爲師, 師帥皆中大夫. 五百人爲旅, 旅帥皆下大夫. 百人
　爲卒, 卒長皆上士. 二十五人爲兩, 兩司馬皆中士. 五人爲伍, 伍皆有長”이라 함.
【里·連·鄕】모두 고대 행정 구분 편제의 명칭.
【卒】고대 兵制에서 1백 명을 卒이라 함.《周禮》에 “五人爲伍, 五伍爲兩, 四兩爲卒”
　이라 함.

011(上-11)
《사마법司馬法》과 사마양저司馬穰苴

태종이 말하였다.

"《사마법》에 대하여 사람들은 사마양저司馬穰苴가 저술한 것이라 하는데 맞습니까? 아니면 잘못 알고 있는 것입니까?"

이정이 말하였다.

"《사기》 사마양저전을 살펴보면 제齊나라 경공景公 때 양저는 용병에 뛰어나 연燕나라와 진晉나라 군사를 패배시켰으며, 경공이 그를 높여 사마司馬와 관직을 삼았다고 하였습니다. 이 때문에 그를 사마양저라 칭하는 것이며 그 자손들이 사마씨司馬氏로 불렸던 것입니다. 그러나 제나라 위왕威王 때에 이르러 옛《사마법》을 추론하고 또 양저가 익혔던 바를 기술하여 드디어 사마양저의 저술 수십 편이 있게 된 것입니다. 지금 세상에 전하는 병가류兵家流로는 권모權謀·형세形勢·음양陰陽·기교技巧 네 종류가 있는데, 이는 모두가 《사마법》에서 나온 것입니다."

太宗曰: 「《司馬法》人言穰苴所術, 是歟? 否也?」

靖曰: 「案《史記穰苴傳》, 齊景公時, 穰善用兵, 敗燕晉之師, 景公
　　尊爲司馬之官, 由是稱司馬穰苴, 子孫號司馬氏. 至齊
　　威王追論古《司馬法》, 又術穰苴所學, 遂有司馬穰苴
　　書數十篇. 今世所傳兵家流, 又分權謀・形勢・陰陽・技巧
　　四種, 皆出《司馬法》也.」

【穰苴】 司馬穰苴(田穰苴)를 가리킴. 춘추시대 齊나라 景公 때의 장수이며 병법가.
성은 田氏이며 大司馬를 역임하여 司馬穰苴로 불림.《史記》司馬穰苴列傳 및
《司馬法》 참조.
【齊景公】 춘추 후기 齊나라 군주(?~B.C.490). 晏子와 司馬穰苴가 보필하였음.
제나라는 왕족 혈통이 춘추시대는 姜氏(강태공의 후대)이며 전국시대는 田氏
(田完의 후손)임. 따라서 전국시대 제나라를 흔히 '田氏齊'로 구분하여 부르기도
함.
【司馬】 관직 이름. 고대 六卿의 하나로 군사 책임을 맡았음.《周禮》夏官 大司馬
참조.
【齊威王】 전국시대 齊나라 군주(?~B.C.320). 성은 田氏, 이름은 因齊, 혹은
嬰齊. B.C.356~320년 재위.

【兵家流】《漢書》藝文志에 七略 중 〈兵書略〉을 따로 설정하고 다시「權謀」, 「形勢」, 「陰陽」, 「技巧」로 분류하고 있다. 그 중 권모류는 "權謀者, 以正守國, 以奇用兵, 先計而後戰, 兼形勢, 包陰陽, 用技巧也"라 하여 전술 전략의 총괄이며 형세와 음양, 기교를 모두 포함하는 말이다. 그리고 형세류는 "形勢者, 雷動風擧, 後發而先至, 離合背鄕, 變化無常, 以輕疾制敵者也"라 하여 실제 전투에서 자연의 지형지물을 최대한 이용하고, 고향을 등져 사기를 높이며, 모든 변화를 총동원하여 빠른 속도로 적을 제압하는 전투력에 대한 병법들이다. 음양류란 "陰陽者, 順時而發, 推刑德, 隨斗擊, 因五勝, 假鬼神而爲助者也"라 하여 하늘의 음양 오행의 이치를 따라 점을 치고, 상황을 판별하며 귀신의 힘을 빌려 전투를 치르는 방법을 논한 책들임을 알 수 있다. 기교류는 "技巧者, 習手足, 便器械, 積機關, 以立攻守之勝者也"라 하여 군사 훈련과 개인의 연습, 그리고 무기의 개발을 통하여 공격과 수비를 능히 수행할 수 있도록 하는 일종의 무예이며 무기 개선에 대한 것들이다. 그리하여 총 53家 790篇《圖》43권임을 밝히고 이렇게 결론을 내리고 있다. "兵家者, 蓋出古司馬之職, 王官之武備也. 洪範八政, 八曰師. 孔子曰 爲國者「足食足兵」, 「以不敎民戰, 是謂棄之」, 明兵之重也. 易曰「古者弦木爲弧, 刻木爲矢, 弧矢之利, 以威天下」, 其用上矣. 後世耀金爲刃, 割革爲甲, 器械甚備. 下及湯武受命, 以師克亂而濟百姓, 動之以仁義, 行之以禮讓, 司馬法是其遺事也. 自春秋至於戰國, 奇出設伏, 變詐之兵並作. 漢興, 張良·韓信序次兵法, 凡百八十二家, 刪取要用, 定著三十五家. 諸呂用事而盜取之. 武帝時, 軍政楊僕捃摭遺逸, 紀奏兵錄, 猶未能備, 至于孝成, 命任宏論次兵書爲四種."

欽定四庫全書　武經總要前集　卷十一

蒙衝

蒙衝者以生牛革蒙戰船背左右開製掉棹空矢石不能
敗前後左右有弩窻矛穴敵近則施放此不用大船務
在捷速乘人之不備

《武經總要》에 실려 있는 고대 각종 전투 장비

012(上-12)
장량과 한신이 정리한 병법서

태종이 말하였다.

"한나라 때 '장량張良과 한신韓信이 병법의 차서次序를 정하여 모두 182가家에서 유용한 것을, 깎을 것은 깎고 취할 것은 취하여 35가로 정하였다'라 하였는데 지금 그것이 실전되었으니 어찌 된 것입니까?"

이정이 말하였다.

"장량이 익힌 바는 태공의 《육도》와 《삼략》이었으며, 한신이 익힌 것은 양저穰苴와 손무孫武의 것이었습니다. 그러나 대부분 삼문三門과 사종四種에서 나온 것은 아닙니다."

태종이 말하였다.

"무엇을 삼문이라 합니까?"

이정이 말하였다.

"제가 《태공太公》의 모편謀篇 81편을 보았더니, 거기에 말한 바 음모란 말로는 그 지극한 경지를 설명할 수 없고, 역시 《태공》의 언편言篇 71편을 보았더니, 거기에 말한 언변은 아무리 센 무력이라 해도 그를 궁지에 몰아넣을 수 없으며, 역시 《태공》의 병편兵篇 85편에서는, 거기에 말한 병법은 아무리 재력을 쓴다 해도 그를 궁하게 할 수 없는 것이었습니다. 이것이 삼문입니다."

태종이 말하였다.

"사종이란 무엇입니까?"

이정이 말하였다.

"한나라 임굉任宏이 논한 것입니다. 무릇 병가류를 권모權謀를 한 종으로, 형세形勢를 한 종으로, 음양陰陽과 기교技巧를 각 한 종씩 두 종류로 한 것이니 이것이 사종입니다."

太宗曰:「『漢張良‧韓信序次兵法, 凡百八十二家, 刪取要用, 定著
　　　三十五家.』今失其傳, 何也?」

　靖曰:「張良所學, 太公《六韜》‧《三略》是也; 韓信所學, 穰苴‧
　　　孫武是也. 然大體不出三門四種而已.」

太宗曰:「何謂三門?」

　靖曰:「臣案

　　　《太公‧謀》八十一篇, 所謂陰謀不可以言窮;

　　　《太公‧言》七十一篇, 不可以兵窮;

　　　《太公‧兵》八十五篇, 不可以敗窮:

　　　此三門也.」

太宗曰:「何謂四種?」

　靖曰:「漢任宏所謂論是也. 凡兵家類, 權謀爲一種. 形勢爲一種,
　　　及陰陽‧技巧二種, 此四種也.」

【張良】 서한 초기의 정략가이며 대신(?~B.C.186). 자는 子房. 圯上 노인 黃石公에게《太公兵法》을 받아 이를 독파하고 劉邦을 따라 楚漢戰을 승리로 이끌었음. 그 뒤 留侯에 봉해졌으며, 한나라 기초를 다진 인물.《史記》留侯世家 및《三略》해제 참조.

【韓信】 漢나라 초기의 장수이며 병략가(?~B.C.196). 淮陰 사람으로 처음 項羽를 따랐으나, 중용되지 못하자 劉邦에게 돌아와 大將軍에 오름. 초한전에 승리하여 楚王에 봉해졌으나 뒤에 淮陰侯로 강등되었으며, 뒤에 모반을 꾀한다는 무고에 의해 呂后에게 살해됨.《兵法》3편이 있었다 하나 지금은 전하지 않음.《史記》淮陰侯列傳 참조.

【序次兵法】《漢書》藝文志에 "兵家者, 蓋出古司馬之職, ……漢興, 張良·韓信序次兵法, 凡百八十二家, 刪取要用, 定著三十五家. 諸呂用事而盜取之. 武帝時, 軍政楊僕捃摭遺逸, 紀奏兵錄, 猶末能備. 至于孝成, 命任宏論次兵書爲四種"이라 함.

【六韜·三略】 武經七書 중의 하나씩이며《六韜》는 姜太公과 文王, 武王의 병법에 관한 대화를 기록한 것으로 되어 있으며,《三略》은 장량이 기상 노인으로부터 전해받은《太公兵法》인 黃石公의 저술로 되어 있는 세 가지 책략이라는 뜻. 그러나《육도》는 전국시대에 이루어진 것으로 보이며,《삼략》역시 동한 때 이루어진 것으로, 둘 모두 후인이 의탁하여 찬집한 것임. 두 책의 해제 부분 참조.

【太公謀】《漢書》藝文志 諸子略 道家에《太公》二百三十七篇:《謀》八十一篇,《言》七十一篇,《兵》八十五篇"이라 저록되어 있으나 지금은 모두 실전되고 없음.

【任宏】 漢나라 成帝 때의 인물. 步兵校尉로써 임금의 명을 받아 당시의 병법을 4종으로 정리하였다 함.《漢書》藝文志에 "至于孝成, 命任宏論次兵書爲四種"라 함. 四種은 011의 주를 볼 것.

수수蒐狩의 뜻

태종이 말하였다.

"《사마법》의 첫머리에 수수蒐狩를 설명하고 있는데 무슨 뜻입니까?"

이정이 말하였다.

"그 시기를 따라 신에게 바람을 요구하는 것은, 그 일이 그만큼 중요하다는 것입니다. 《주례周禮》에서는 그 일을 정치의 가장 큰 일로 여겼지요. 주周나라 성왕成王은 기양岐陽에서 봄 사냥을 하였고, 강왕康王은 풍궁酆宮에서 조회를 열었으며, 목왕穆王은 도산塗山에서 회맹을 하였습니다. 이는 바로 천자天子로서 해야 할 일이었습니다. 그러나 주나라가 쇠미해지면서 제齊 환공桓公은 소릉召陵에서 군사를 모아 회맹을 하였고, 진晉 문공文公은 천토踐土에서 회맹을 하였으니, 이는 제후가 천자의 일을 대신 받들어 행한 것입니다. 사실은 구벌지법九伐之法을 사용하여 명령을 듣지 않는 제후들에게 위협을 가한 것이며, 명분을 빌려 조회를 한 것이며, 이로써 순수巡狩하면서 자신들의 병사들을 훈련시킨 것입니다. '일이 없으면 마구 병력을 들어 써서는 안 되고 반드시 농사를 마친 틈을 이용해야 한다'라 말하였으니 이는 무비武備를 잊지 않기 위한 것이었습니다. 그러므로 첫머리에 수수蒐狩를 들어 설명하였으니 어찌 깊은 뜻이 아니겠습니까?"

太宗曰:「《司馬法》首序蒐狩, 何也?」

靖曰:「順其時而要之以神, 重其事也.《周禮》最爲大政. 成有
　　　岐陽之蒐, 康有酆宮之朝, 穆有塗山之會, 此天子之事也.
　　　及周衰, 齊桓有召陵之師, 晉文有踐土之盟, 此諸侯奉行
　　　天子之事也. 其實用九伐之法以爲不恪, 假之以朝會,
　　　因之以巡狩, 訓之以甲兵. 言『無事兵不妄擧, 必於農隙』,
　　　不忘武備也. 故首序蒐狩, 不其深乎!」

【蒐狩】 봄에 하는 사냥을 蒐라 하며 가을 사냥을 狩라 함. 그러나《司馬法》에는
가을 사냥을 선(獮)으로 하여 '春蒐秋獮'으로 되어 있음. 천자가 사냥에 나서면서
실제로는 군사 훈련을 겸함을 뜻함.《사마법》人本篇에 "戰道; 不違時, 不歷民病,
所以愛吾民也. 不加喪, 不因凶, 所以愛夫其民也. 冬夏不興師, 所以兼愛民也.
故國雖大, 好戰必亡; 天下雖安, 忘戰必危. 天下旣平, 天下大愷, 春蒐秋獮; 諸侯春
振旅, 秋治兵, 所以不忘戰也"라 함.
【周禮】 고대 六經의 하나이며 十三經 중 三禮의 하나. 周나라 때 관직제도와
그 임무, 직책 등을 설명한 책. 天地春夏秋冬 등 여섯 官職으로 나누어 각각
그 임무를 적음. 지금의《주례》는 冬官이 일실되어 '考工記'를 보입해 넣었음.
【岐陽之蒐】 岐陽에서의 봄 사냥. 岐는 주나라 고공단보가 도읍으로 정했던 곳
이며, 陽은 강 북쪽, 산의 남쪽을 말함. 周나라 成王이 이곳에서 사냥하면서
군사훈련을 했다 함.
【酆宮之朝】 周나라 康王이 酆宮에서 사냥하면서 제후들을 불러 회맹을 가짐.
酆宮은 酆邑의 궁궐로 周 文王이 崇侯(虎)를 벌한 뒤 岐山에서 이곳으로 도읍을
옮겼으며 武王이 다시 殷은 멸하고 鎬京으로 천도함.
【塗山之會】 周 穆王이 塗山에서 사냥하면서 제후들과 회맹을 함. 塗山은 夏禹가
塗山氏의 딸을 아내로 맞은 곳으로 지금의 安徽省 경내라 함.

【召陵之師】B.C.656년 齊 桓公이 魯·宋·陳·衛·鄭·許·曹 등 중원 제후들과 연합하여 蔡·楚 두 나라를 정벌함. 蔡軍이 대패하자 楚나라는 대부 屈完을 召陵으로 보내어 결맹을 맺음. 이에 제나라가 중원 여러 나라의 군대를 이끌고 철수함. 召陵은 춘추시대 초나라 읍으로 지금의 河南省 偃城縣.

【踐土之盟】B.C.632년 晉 文公이 齊·秦·魯·宋·蔡·鄭·莒·衛 등 제후국과 연합하여 楚나라와 城濮에서 싸워 크게 이긴 사건으로, 이 전쟁은 춘추시대 가장 큰 戰役으로 알려짐. 이에 종주국 周나라 襄王이 공을 치하하고 위문하러 오자 진문공은 踐土(당시 鄭나라 땅. 지금의 河南省 原陽縣)에 왕궁을 짓고 양왕을 맞아 회맹을 함.

【晉文公】B.C.698~628. 이름은 重耳. 19년간 망명생활 끝에 귀국하여 문공이 되었으며 春秋五霸의 하나. B.C.636~628년 재위. 介子推와의 寒食의 고사로 유명함.《史記》晉世家 참조.

【九伐之法】종주국 周나라가 제후들을 제재하는 아홉 가지 규정.《司馬法》人本篇에 "會之以發禁者九: 憑弱犯寡則眚之, 賊賢害民則伐之, 暴內陵外則壇之, 野荒民散則削之, 負固不服則侵之, 賊殺其親則正之, 放弑其君則殘之, 犯令陵政則杜之, 外內亂禽·獸行則滅之"라 함.《周禮》夏官 大司馬에도 "以九伐之法正邦國: 馮弱犯寡則眚之, 賊賢害民則伐之, 暴內陵外則壇之, 野荒民散則削之, 負固不服則侵之, 賊殺其親則正之, 放弑其君則殘之, 犯令陵政則杜之, 外內亂鳥獸行則滅之"라 함.

【不恪】공경을 다하지 않음. 종주국의 명령을 따르지 않음.

【巡狩】종주국 周나라 임금이 제후국을 순시함. 이에 상대하여 제후가 천자에게 가서 자신의 정치를 보고함을 '述職'이라 함.《孟子》梁惠王(下)에 "天子適諸侯曰巡狩, 巡狩者, 巡所守也; 諸侯朝於天子曰述職, 述職者, 述所職也. 無非事者. 春省耕而補不足, 秋省斂而助不給"라 하였으며《晏子春秋》(4)에도 "景公出游, 問于晏子曰「吾欲觀於轉附·朝舞, 遵海而南, 至于琅邪, 寡人何脩, 則夫先王之游?」晏子再拜曰「善哉! 君之問也. 嬰聞之: 天子之諸侯爲巡狩; 諸侯之天子爲述職. 故春省耕而補不足者謂之游, 秋省實而助不給者謂之豫. 夏諺曰『吾君不游, 我曷以休! 吾君不豫, 我曷以助! 一游一豫, 爲諸侯度.』 今君之游, 不然. 師行而糧食, 貧者不補, 勞者不息. 夫從下歷時, 而不反謂之流; 從高歷時, 而不反謂之連. 從獸而不歸謂之荒; 從樂而不歸謂之亡. 古者, 聖王無流連之游·荒亡之行.」公曰:「善!」命吏計公稟之粟. 藉長幼貧氓之數. 吏所委者, 發廩出粟. 以予貧民者三千鍾, 公所身見癃老者七十人, 振贍之, 然後歸也"라 하여 같은 내용이 실려 있음.

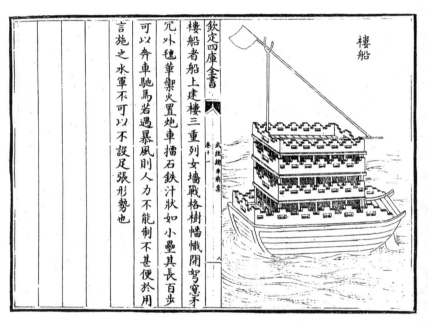

言施之水軍不可以不設足張形勢也

可以奔車馳馬若遇暴風則人力不能制不甚便於用

冗外氈革禦火置炮車擂石鉄汁狀如小壘其長百步

樓船者船上建樓三重列女墻戰格樹幡幟開駕窻矛

樓船

《武經總要》에 실려 있는 고대 각종 전투 장비

014(上-14)
초 장왕의 이광지법二廣之法

태종이 말하였다.

"춘추시대 초楚 장왕莊王은 이광지법二廣之法에서 '모든 군관은 물건을 상징한 깃발에 따라 움직이니 군사의 행정이 계율을 따로 정하지 않아도 완비되도다'라 하였습니다. 이 역시 주나라 군사제도를 따른 것입니까?"

이정이 말하였다.

"《좌전》을 살펴보니 '초 장왕이 출동한 전차는 30량이다', '매 전차 한 대당 보졸 1백 명과 그 반 50명의 상졸上卒을 배치하였다'라 하였습니다. 보병은 전차의 우측에 배치하고 그들의 행동 방향은 전차의 수레축을 기준으로 합니다. 그리하여 수레를 따라가며 작전을 펴는 것으로 이는 모두가 주나라의 제도입니다. 제가 생각하기로 1백 명을 졸卒로 편성한다면 50명은 그 반으로 여기서의 전차 1승당 사졸 150명씩이 됩니다. 이렇게 되면 주나라 제도와 차이가 큽니다. 주나라 제도에서는 전차 1승당 보졸이 72명, 갑사 3명으로 합니다. 그리고 1갑은 25명으로 조직하여 3갑이라면 75명이 되는 것입니다. 그러나 초나라는 산림과 천택이 많은 지형으로, 그 때문에 전차는 적게 쓰고 보졸은 많이 쓰는 것입니다. 이로써 전차 1대당 보졸을 셋으로 나누었으니 실제로 주나라 제도와 같은 셈입니다."

太宗曰:「春秋楚子二廣之法云:『百官象物而動, 軍政不戒而備.』
　　此亦得周制歟?」

靖曰:「案《左氏》說:『楚子乘廣之十乘』,『廣有一卒, 卒偏之兩.』
　　軍行右轅, 以轅爲法, 故挾轅而戰, 皆周制也. 臣謂百人
　　曰卒, 五十人曰兩, 此是每車一乘, 用士百五十人, 比周
　　制差多爾. 周一乘步卒七十二人, 甲士三人; 以二十五人
　　爲一甲, 凡三甲, 共七十五人. 楚山澤之國, 車少而人多.
　　分爲三隊, 則與周制同矣.」

【楚子】楚 莊王(?~B.C.591)을 가리킴. 춘추시대 초나라 군주로 이름은 미려(芈旅).
熊繹의 후손으로 춘추 오패의 하나. '絶纓', '三年不飛' 등 많은 고사를 남김.
《史記》楚世家 참조. 고대 작위가 公侯伯子男이었으므로 '楚子'라 부른 것.
【二廣之法】초나라의 군대 陣營 편제의 하나. 15輛의 전차부대를 1廣으로
하여 좌우 1광씩 배치하는 진법이라 함. 따라서 2광은 전차 30량이 됨.
【百官象物】고대 군대의 깃발은 각기 각 동물을 상징하여 그 徽誌로 삼았음.
《左傳》宣公 12년에 "百官象物而動, 軍政不戒而備, 能用典矣. 其君之擧也,
內姓選於親, 外姓選於舊. 擧不失德, 賞不失勞. 老有加惠, 旅有施舍. 君子小人,
物有服章. 貴有常尊, 賤有等威, 禮不逆矣. 德立·刑行, 政成·事時, 典從·禮順,
若之何敵之? 見可而進, 知難而退, 軍之善政也. 兼弱攻昧, 武之善經也"라 함.
【左氏】《左傳》을 가리킴.《穀梁傳》,《公羊傳》과 더불어 春秋三傳의 하나이며
모두 13경의 하나. 魯나라 太史 左丘明이 지은 것이라 함.
【廣有一卒】《左傳》宣公 12년에 "先大夫子犯有言曰: '師直爲壯, 曲爲老.' 我則
不德, 而徼怨于楚. 我曲楚直, 不可謂老. 其君之戎分爲二廣, 廣有一卒, 卒偏之兩.
右廣初駕, 數及日中, 左則受之, 以至于昏. 內官序當其夜, 以待不虞. 不可謂無備"라
하였으며, 廣은 전차, 졸은 100명을 가리킴. 따라서 매 전차마다 徒兵 1졸(100명)을
배치하며 다시 上卒 반(50명)을 추가로 더함을 뜻함. '偏'은 '半'의 뜻.
【軍行右轅】매 전차마다 步兵은 그 우측에서 행동함.

015(上-15)
순오苟吳가 적狄을 칠 때

태종이 말하였다.

"춘추시대 순오苟吳가 적狄을 칠 때 자신의 전차를 부숴 버리고 보행으로 전투를 하였습니다. 이는 정병입니까? 아니면 기병입니까?"

이정이 말하였다.

"순오는 전차로 전투를 하는 전법을 썼을 뿐입니다. 비록 전차를 버렸다고는 하나 그 전투 방법은 역시 그 속에 있는 것입니다. 하나는 좌각左角으로 하고, 하나는 우각右角을 하였으며, 하나는 전거前拒로 하여 3개의 부대로 나누었으니, 이는 수레 1승씩의 배치 방법입니다. 천만 승이라 해도 모두 이와 같았습니다. 제가 《조공신서》를 살펴보았더니 '공거攻車는 75명으로 하며 전거前拒 1대, 좌·우 각角 2대씩 한다. 수거守車 1대는 취사병 10명, 수장병守裝兵 5명, 구양병廐養兵 5명, 나무하고 물긷는 병사 5명 등 모두 25명으로 한다. 공수攻守 각 2승으로 하여 모두 1백 명이다. 10만 병사를 일으킬 때 천 승의 수레, 즉 경輕·중重 2천 명이다'라 하였습니다. 이는 대체적으로 순오가 썼던 옛날 배치법입니다. 또한 한위漢魏 사이의 군사제도를 살펴보니, 다섯 수레를 대隊로 하고 복야僕射 한 사람을 두며, 열 수레를 사師로 하여 솔장率長 한 명을 두되 무릇 수레가 천 승일 때는 장리將吏를 두명씩 둔다 하여 많은 것들이 이와 같았습니다. 제가 지금의 법으로 이를 참작해 보면, 도탕跳盪은 기병騎兵이고, 전봉대戰鋒隊는 보기步騎가 반씩 섞인 것이며, 주대駐隊란 거승車乘을 겸하여 나온 것이라 여깁니다. 제가 서쪽으로 돌궐을 토벌할 때, 험한 지형 수천 리를 넘었는데 이 제도를 감히 바꾸지 않았습니다. 대체로 고법의 절차와 제도는 진실로 중요한 가치가 있다고 보았기 때문입니다."

太宗曰:「春秋荀吳伐狄, 毀車爲行, 亦正兵歟? 奇兵歟?」

靖曰:「荀吳用車法爾, 雖舍車而法在其中焉. 一爲左角, 一爲
右角, 一爲前拒, 分爲三隊, 此一乘法也. 千萬乘皆然.
臣案《曹公新書》云:『攻車七十五人, 前拒一隊, 左右角
二隊; 守車一隊, 炊者十人, 守裝五人, 廏養五人, 樵汲
五人, 共二十五人. 攻守二乘, 凡百人. 興兵十萬, 用車
千乘, 輕重二千.』此大率荀吳之舊法也. 又觀漢魏之間
軍制: 五車爲隊, 僕射一人; 十車爲師, 率長一人; 凡車
千乘, 將吏二人; 多多倣此. 臣以今法參用之, 則跳蕩,
騎兵也; 戰鋒隊, 步騎相半也; 駐隊, 兼車乘而出也. 臣西
討突厥, 越險數千里, 此制未嘗敢易. 蓋古法節制, 信可
重焉.」

【荀吳伐狄】荀吳는 춘추시대 晉나라 中行穆子. 그가 B.C.541년 狄을 토벌할 때 진나라는 戰車를 사용하였으며, 狄은 步兵으로 맞섰는데 지형상 전차를 활용할 수 없어 魏舒의 의견을 받아들여 전차를 버리고 보병으로 개편, 大鹵 (지금의 山西省 太原)에서 적을 크게 깨뜨림.《左傳》昭公 元年에 "晉中行穆子敗 無終及羣狄于大原, 崇卒也. 將戰, 魏舒曰: 「彼徒我車, 所遇又阨, 以什共車, 必克. 困諸阨, 又克. 請皆卒, 自我始.」乃毁車以爲行, 五乘爲三伍. 荀吳之嬖人不肯卽卒, 斬以徇. 爲五陳以相離, 兩於前, 伍於後, 專爲右角, 參爲左角, 偏爲前拒, 以誘之. 翟人笑之. 未陳而薄之, 大敗之"라 함.

【左角右角】雁陣을 말함. 전차로 전투를 할 때 공격 부분에 창과 무기를 세워 양쪽 부대가 앞서 나가 마치 짐승의 뿔과 같은 진형을 이룸.

【拒】方陣을 뜻함. 네모진 형태의 진형을 말함.

【攻車】공격용 전차. '輕車'라고도 함.

【守車】'重車'라고도 하며 전쟁 물자를 싣고 다니는 수레. 혹은 방어용으로 무겁게 설치한 수레.

【漢魏】한나라 때와 위나라 때의 시대. 혹은 동한 말부터 삼국시대까지를 말함.

【僕射】관직 이름. 秦나라 때 시작되었으며 侍中, 尚書, 博士, 郎 등을 모두 복야라 불렀음. 東漢 이후로 점차 그 권한이 높아졌으며 唐宋 때는 재상의 직책을 말하였으나 宋 이후에는 이 직급을 폐지함. 여기서는 五車部隊를 거느리는 首長을 뜻함.

【跳蕩】군대 편제 중 隊伍의 이름. 突擊隊를 말함.

【戰鋒隊】역시 隊伍의 이름으로 騎兵과 步兵을 각기 반씩 합하여 조직하였다 함.

【駐隊】역시 대오 이름으로 騎兵과 步兵에 다시 戰車를 합한 혼성부대라 함.

【節制】절차와 제도. 그러나 이 책 전체에서의 '節制'는 내가 전황의 주도권을 잡고 진격과 퇴각, 도전과 응전, 공격과 수비를 마음대로 조절하고 제압하는 것을 말함.

016(上-16)
이민족을 통치하는 방법

태종이 영주靈州에 행차하고 돌아와 이정을 불러 앉히고는 이렇게 말하였다.

"짐이 이도종李道宗과 아사나사이阿史那社爾 등에게 명하여 설연타薛延陀를 토벌하도록 하였더니 철륵鐵勒의 여러 부족이 그곳에 한관漢官을 설치해 주기를 청하여 내 이를 모두 들어 주었소. 그런데 설연타 부족이 서쪽으로 도망하여 후환이 되지 않을까 걱정이오. 그래서 이적李勣을 보내어 이를 토벌하였소. 지금 북황北荒이 모두 평정되었으나 여러 부족이 우리 한족漢族과 뒤섞여 살고 있으니 어떤 방법으로 오래도록 이를 경영하여 두 민족 모두 안전하게 살 수 있도록 할 수 있겠소?"

이정이 말하였다.

"폐하께서 칙령으로 돌궐로부터 회흘回紇에 이르도록 여러 부락에 모두 66개의 역驛을 설치해서 그곳을 지키는 척후斥候들과 소통이 되도록 하였으니 이는 이미 좋은 정책을 펴신 것입니다. 그러나 신의 어리석은 생각으로는 한족의 수비병은 마땅히 그들 나름대로 한 가지 규정이 있고, 이민족 부락은 역시 그들 나름대로 자신들이 살아가는 규정이 있습니다. 그리하여 가르치고 익히는 바가 각각 다르오니 그들이 서로 혼동을 일으키지 않도록 해야 할 것입니다. 혹 반란이 일어 도적이 밀고 들어오는 경우가 생긴다면 몰래 주장主將에게 칙령을 내려 임시로 그 암호를 바꾸고 복장을 바꾸어 입도록 하십시오. 그리고 기병奇兵을 써서 이를 쳐 버리면 됩니다."

태종이 말하였다.

"무슨 방법입니까?"

이정이 말하였다.

"이것이 소위 '갖가지 방법으로 적이 착각을 하도록 한다'는 술책입니다. 이민족이지만 한족으로 보이게 하고, 한족이지만 이민족으로 보이게 하여 저들이 이민족과 한족을 구별하지 못하게 되면, 우리의 공격과 수비의 계책을 알아낼 수 없게 됩니다. 용병에 뛰어난 자는 먼저 적으로 하여금 우리를 측량할 수 없도록 하면, 적들은 그 행동할 바에 괴리가 생기고 마는 것입니다."

태종이 말하였다.

"아주 짐의 생각과 딱 맞는군요. 그대는 몰래 변방의 장수에게 이를 가르쳐 주시오. 나는 겨우 이 이민족과 한족을 뒤섞어 구별할 수 없는 방법을 택하는 것으로써 문득 기정奇正의 법을 알게 되었군요."

이정이 재배하며 말하였다.

"폐하의 성스러운 생각은 하늘이 내린 것으로 하나를 들으면 열을 아시니 신이 어찌 그 지극한 경지의 말씀을 다 알아 낼 수 있겠습니까?"

太宗幸靈州廻, 召靖賜坐曰:「朕命道宗及阿史那社爾等討薛延陀,
　　　　而鐵勒諸部乞置漢官, 朕皆從其請. 延陀西走, 恐爲
　　　　後患, 故遣李勣討之. 今北荒悉平, 然諸部蕃漢雜處,
　　　　以何道經久, 使得兩全安之?」

　　靖曰:「陛下自勑突厥至回紇部落, 凡置驛六十六處, 以通斥候,
　　　　斯已得策矣. 然臣愚, 以謂漢戍宜自爲一法, 蕃落宜自
　　　　爲一法, 教習各異, 勿使混同. 或遇寇至, 則密勑主將,
　　　　臨時變號易服, 出奇擊之.」

　太宗曰:「何道也?」

　　靖曰:「此所謂『多方以誤之』之術也. 蕃而示之漢, 漢而示之蕃,
　　　　彼不知蕃漢之別, 則莫能測我攻守之計矣. 善用兵者,
　　　　先爲不可測. 則敵乖其所之也.」

　太宗曰:「正合朕意, 卿可密敎邊將. 祇以此蕃漢, 便見奇正之
　　　　法矣.」

靖再拜曰:「聖慮天縱, 聞一知十, 臣安能極其說哉!」

【靈州】 지금의 寧夏自治區 靈武縣. 당 태종이 貞觀 20년(646)에 이곳을 순행함.
【道宗】 李道宗(600~653). 당나라 초기의 대신으로 자는 承範. 당 종실로 高祖 李淵의 당질. 突厥을 정벌하여 任城王, 江夏王에 봉해짐. 《舊唐書》(60)와 《新唐書》(78)에 전이 있음.
【阿史那社爾】 당나라 초기의 大將(?~655). 東突厥 處羅可汗의 둘째아들로 阿史那 는 姓, 社爾는 이름. 西突厥이 내란을 겪을 때 이를 습격하여 그 반을 차지하였으며 스스로 都布可汗이라 칭함. 貞觀 10년(636)에 당나라에 항복하여 左驍衛大將軍 등을 역임하였으며, 高昌國·龜玆國 등을 정벌하기도 하였음. 《舊唐書》(109)와 《新唐書》(110)에 전이 있음.
【薛延陀】 북방의 종족 이름이며 동시에 나라 이름. 匈奴의 별종으로 薛部와 延陀部가 합하여 이루어졌음. 처음에는 돌궐에 복속되었으나, 당 정관 3년(629)에 그 수령이 당나라의 봉을 받아 당을 도와 돌궐을 멸망시킴. 다시 정관 20년에 내란이 발생하여 당을 배반하자 이도종이 이를 정벌함.
【鐵勒】 고대 북방의 종족 이름. 부족 이름. 匈奴의 苗裔로 '丁零'이라고도 하고 혹 '狄歷', '赤勒', '勑勒'으로도 표기하며 이는 모두 '丁零'의 음을 적은 것임. 당나라 때 '回紇'이라 불렸고 송나라 때는 '回鶻', 원나라 때는 '畏兀兒', 지금은 '維吾爾'라 부르며 新疆위구르자치구를 차지하고 있음. 모두 突厥語의 음역임. 南北朝 때 突厥에 병합되었다가 東西 突厥로 분리되었고, 漠北에 15부를 형성 하였으며 그 중 薛延陀와 回鶻이 가장 강성하였음.
【李勣】 장군의 원래 성명은 徐世勣(594~669). 자는 懋功. 曹州 離狐(지금의 山東省 東明) 사람으로, 隋末 각 지역이 봉기할 때 瓦崗寨의 군대에 참가하였 다가 패하자, 뒤에 唐에 항복하여 右武侯大將軍이 되었으며, 曹國公에 봉해졌고 李氏 성을 하사받음. 李世民의 이름을 피휘하여 世자를 없애고 李勣으로 함. 李靖이 동돌궐을 정벌할 때 공을 세워 英國公에 봉해짐. 《舊唐書》(67)와 《新唐書》 (93)에 전이 있음.

【蕃】원래는 중국 서부와 서남부의 소수민족을 가리키던 말이었으나, 뒤에 광범위하게 중국 주위의 이민족을 가리키는 말로 사용함. 한족 이외의 민족이라는 뜻.

【回紇】위구르(維吾兒)의 당시 표기. 주 '鐵勒'을 볼 것. 隋나라 때는 '韋紇'로도 불렸으며, 隋나라 大業 원년(605) 돌궐에 반기를 들고 僕固, 同羅, 拔野古 등이 연맹을 맺어 '回紇'로 이름을 정함. 唐 天寶 3년(744)에 동돌궐을 멸하고 나라를 세웠으며, 貞觀 4년(788)에 回紇可汗이 당에게 '回鶻'로 불러 줄 것을 청하기도 하였음. 元明시대에는 '畏兀兒'로 불렸음.

【斥候】적정을 탐지하고 살피는 임무.

【多方以誤之】여러 가지 방법을 써서 적을 혼란시키며 그들이 착오를 일으키도록 유도함을 뜻함.《左傳》昭公 30년에 "吳子問於伍員曰:「初而言伐楚, 余知其可也, 而恐其使余往也, 又惡人之有余之功也. 今余將自有之矣. 伐楚何如?」對曰: 「楚執政眾而乖, 莫適任患. 若爲三師以肄焉, 一師至, 彼必皆出. 彼出則歸, 彼歸則出, 楚必道敝. 亟肄以罷之, 多方以誤之. 旣罷而後以三軍繼之, 必大克之.」闔廬從之, 楚於是乎始病"라 함.

【天縱】하늘이 풀어놓아 어떤 일을 하거나 모두 성스럽고 신령스러움을 뜻함. 뛰어난 사람을 칭송할 때 쓰는 말. 002의 주를 참조할 것.

【祇】겨우(僅)의 뜻.

【見】알게 됨. 어떤 사실을 알았을 때 쓰는 말.

017(上-17)
제갈량의 군사 훈련

태종이 말하였다.

"제갈량은 '통제할 수 있는 병사들이면 장군이 무능하다 해도 패하지 않는다. 제어할 수 없는 병사들이라면 장수가 능력 있다 해도 승리할 수 없다'라 하였습니다. 짐은 이 말에 대하여 극치極致에 이른 논리는 아니라고 의심하고 있소."

이정이 말하였다.

"무후(武侯, 제갈량)가 어떤 격한 일이 있어 한 말일 것입니다. 제가 《손자》를 살펴보았더니 '가르치는 방법이 명확하지 못하여 이졸吏卒이 평상대로 해 낼 수 없고, 진영의 병사들이 제멋대로 행동한다면 이를 일러 난亂이라 한다'라 하였습니다. 자고로 난군亂軍으로써 적에게 승리를 안겨 준 예는 그 수를 헤아릴 수 없습니다. 무릇 교습의 방법이 명확하지 못하다면, 이는 교습과 열병에 옛 법을 쓰지 않았다는 말입니다. 이졸이 평상시대로 행동할 수 없었다면, 이는 장군과 신하의 권세나 임무가 오래도록 그 직무를 수행해 낼 수 없다는 뜻입니다. 그리고 난군으로서 적에게 승리를 안겨 주었다면 이는 자기 스스로 궤멸하여 패한 것이지 적이 이를 이겨낸 것이 아니라는 말입니다. 이 까닭으로 무후가 병졸을 제어할 수 있으면 비록 용렬한 장수라도 패하지 않을 것이나, 만약 병졸이 스스로 혼란이 일어난다면 비록 뛰어난 장수라도 위험에 빠질 것이라 말한 것이니 다시 무엇을 의심할 것이 있겠습니까?"

태종이 말하였다.

"교습과 열병의 법이란 진실로 소홀히 해서는 안 될 것이군요."

이정이 말하였다.

"교습이 그 방법에 맞으면 병사들이 즐겁게 쓰일 것이요, 교습이 그 방법에 맞지 않으면 비록 아침에 독려하고 저녁에 책망한다 해도 전투에 아무런 도움이 되지 않습니다. 저는 이 까닭으로 구구하게 옛 제도를 모두 그림으로 그려 제도에 맞는 병법을 성취하기를 기대하고 있습니다."

태종이 말하였다.

"그대는 나를 위하여 옛날의 진법陳法을 골라 모두 그림으로 그려 올려 주시오."

太宗曰:「諸葛亮言:『有制之兵, 無能之將, 不可敗也; 無制之兵,
有能之將, 不可勝也.』朕疑此談非極致之論.」

靖曰:「武侯有所激云爾. 臣案《孫子》曰:『教道不明, 吏卒無常,
陳兵縱橫, 曰亂.』自古亂軍引勝, 不可勝紀. 夫教道不
明者, 言教閱無古法也; 吏卒無常者, 言將臣權任無久
職也; 亂軍引勝者, 言己自潰敗, 非敵勝之也. 是以武
侯言兵卒有制, 雖庸將未敗, 若兵卒自亂, 雖賢將危之,
又何疑焉?」

太宗曰:「教閱之法, 信不可忽.」

靖曰:「教得其道, 則士樂爲用; 教不得法, 雖朝督暮責, 無益於
事矣. 臣所以區區, 古制皆纂以圖者, 庶乎成有制之兵也.」

太宗曰:「卿爲我擇古陳法, 悉圖以上.」

【有制之兵】 諸葛亮의 《兵要》에 실려 있는 구절.

【武侯】 諸葛亮을 가리킴. 자는 孔明(191~234). 한말 陽都人. 은거하여 스스로 밭을 갈며 자신을 管仲과 樂毅에 비교하여 사람들이 그를 臥龍先生이라 불렀음. 뒤에 蜀漢 劉備의 三顧草廬로 불려가 天下三分之策을 정하고 유비를 도와 荊州와 益州를 차지하여 吳·蜀·魏 삼국 정립을 이루었음. 유비의 유촉에 의해 그 아들 劉禪을 도와 〈出師表〉를 쓰고 북벌을 시도했으나 五丈原에서 생을 마침. 죽은 뒤 武鄕侯에 봉해졌으며 시호는 忠武. 《三國志》(35)에 전이 있음.

【敎道不明】 군사를 훈련시키는 원칙과 방법. 《孫子》地形篇에 "夫勢均, 以一擊十曰走. 卒强吏弱曰弛. 吏强卒弱曰陷. 大吏怒而不服, 遇敵懟而自戰, 將不知其能曰崩. 將弱不嚴, 敎道不明, 吏卒無常, 陳兵縱橫曰亂. 將不能料敵, 以少合衆, 以弱擊强, 兵無選鋒曰北. 凡此六者, 敗之道也, 將之至任, 不可不察也"라 함.

【亂軍引勝】 자신의 군대를 혼란에 빠지게 하여 적으로 하여금 승리를 얻도록 해 줌을 뜻함. 《孫子》謀攻篇에 "故君之所以患於軍者三: 不知軍之不可以進而謂之進, 不知軍之不可以退而謂之退, 是爲縻軍; 不知三軍之事, 而同三軍之政者, 則軍士惑矣; 不知三軍之權, 而同三軍之任, 則軍士疑矣. 三軍旣惑且疑, 則諸侯之難至矣, 是謂亂軍引勝"이라 함.

형세를 조성하라

태종이 말하였다.

"이민족의 작전은 오직 뛰어난 말로 적진으로 충격하여 들어가는데 이는 기병奇兵입니까? 그리고 우리 한족의 병사들은 오직 강한 활과 군사를 나누어 적을 협격하는데 이는 정병正兵입니까?"

이정이 말하였다.

"《손자》를 살펴보니 '전투에 능한 자는 세勢에서 모든 것을 찾으며, 자신의 부하들에게 책임을 돌리지는 않는다. 그 때문에 능히 사람을 택하여 그 세의 임무를 맡기는 것이다'라 하였습니다. 무릇 소위 사람을 택한다는 것은 각기 이민족과 한족의 장점을 따라 전투를 벌인다는 말입니다. 이민족은 말을 다루는 데 뛰어나며, 말은 빠른 전투에 유리합니다. 그러나 한족은 활을 쏘는 데 뛰어나며, 활은 느린 전투에 유리합니다. 이는 저절로 각기 자신들의 형세에 맡긴 것입니다. 그러니 기병이니 정병이니 하는 구분이 아닙니다. 제가 전에 일찍이 말씀드린 바의, 이민족과 한족이 호령을 바꾸고 복장을 바꾼다는 것은 기병과 정병을 서로 상생相生시키는 방법입니다. 기마전에도 역시 정병이 있을 수 있으며, 활로 전투를 하는 것에도 역시 기병이 있을 수 있으니 어찌 항상 고정된 법이 있을 수 있겠습니까?"

태종이 말하였다.

"그대는 그 방법을 다시 한 번 자세히 설명해 주시오."

이정이 말하였다.

"먼저 형세를 만들어 적으로 하여금 이를 쫓아오도록 하여야 합니다. 이것이 그 방법입니다."

태종이 말하였다.

"내 깨달았소!《손자》에 '병법에 형세를 이룬다는 것의 극치는 아무런 형세를 이루지 않음에까지 이르는 것'이라 하였고, 또 '형세를 근거로 무리에게 승리를 이루도록 조치하지만 무리는 이를 알아채지 못한다'하였으니 이를 두고 한 말이겠군요?"

이정이 재배하며 말하였다.

"심오합니다! 폐하의 성스러운 생각은 이미 그 반을 넘어선 셈입니다."

太宗曰：「蕃兵唯勁馬奔衝, 此奇兵歟? 漢兵唯強弩犄角, 此正
　　　　兵歟?」

　靖曰：「案《孫子》云:『善用兵者, 求之於勢, 不責於人, 故能擇人
　　　　而任勢.』夫所謂擇人者, 各隨蕃漢所長而戰也. 蕃長
　　　　於馬, 馬利乎速鬪; 漢長於弩, 弩利乎緩戰. 此自然各任
　　　　其勢也. 然非奇正所分. 臣前曾述蕃漢必變號衣服者,
　　　　奇正相生之法也. 馬亦有正, 弩亦有奇, 何常之有哉!」

太宗曰：「卿更細言其述.」

　靖曰：「先形之, 使敵從之, 是其術也.」

太宗曰：「朕悟之矣!《孫子》曰:『形兵之極, 至於無形.』又曰:
　　　　『因形以措勝於衆, 衆不能知.』其此之謂乎?」

靖再拜曰：「深乎! 陛下聖慮, 已思過半矣.」

【犄角】'掎角'으로도 표기하며 '다리를 붙들고 늘어지고 뿔을 쥐고 흔들다'의
뜻으로 적을 견제하고 협격을 가함을 뜻함.
【善用兵者】《孫子》勢篇에 "故善戰者, 求之於勢, 不責於人, 故能擇人而任勢.
任勢者, 其戰人也, 如轉木石. 木石之性, 安則靜, 危則動, 方則止, 圓則行. 故善戰
人之勢, 如轉圓石於千仞之山者, 勢也"라 함.
【形兵之極】《孫子》虛實篇에 "故形兵之極, 至於無形, 無形則深間不能窺, 智者
不能謀"라 함.
【因形以措勝於衆】《孫子》虛實篇에 "因形而錯勝於衆, 衆不能知; 人皆知我所以
勝之形, 而莫知吾所以制勝之形. 故其戰勝不復, 而應形於無窮"이라 함.

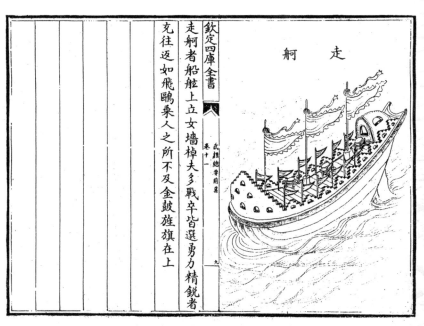

《武經總要》에 실려 있는 고대 각종 전투 장비

019(上-19)
만이蠻夷로 하여금 만이를 제압하도록 하라

태종이 말하였다.

"근래 거란契丹과 해奚 부족이 모두 우리에게 귀속되어, 송막松漠과 요악饒樂 두 도독都督이 안북도호安北都護에게 통치를 받고 있습니다. 짐은 설만철薛萬徹을 이용하고자 하는데 어떻게 생각하오?"

이정이 말하였다.

"설만철은 아사나사이阿史那社爾나 집실사력執失思力, 계필하력契苾何力만 못합니다. 이들은 모두 이민족 출신의 신하들로 병법에 대하여 잘 아는 자들입니다. 일찍이 제가 그들과 말을 나누어 본 적이 있었는데 송막지역과 요악지역의 산천과 도로, 그리고 그들 이민족이 거역하는지 잘 순종하는지에 대한 정서와 나아가 멀리 변방 사방지역 부락 수십 종족에 이르기까지 자세히 알고 있어 가히 믿을 만하였습니다. 제가 그들에게 진법을 가르쳐 주었더니 머리를 끄덕이며 감복하지 않음이 없었습니다. 폐하께서 이들을 임명하기를 바라고 있으니 의심하지 마십시오. 그러나 설만철 같은 경우라면 용감하기는 하나 모책이 없으니 그 한 사람에게 맡기기는 어려울 것입니다."

태종이 웃으면서 말하였다.

"이민족 사람들이 모두 그대가 시키는 대로 하고 있군요! 옛 사람이 '만이蠻夷로써 만이를 공략함이 중국中國 변방 정책의 대세'라 하였는데 그대는 이를 터득하고 있군요."

太宗曰:「近契丹·奚皆內屬, 置松漠·饒樂二都督, 統於安北
　　　都護, 朕用薛萬徹, 如何?」

靖曰:「萬徹不如阿史那社爾及執失思力, 契苾何力, 此皆
　　　蕃臣之知兵者也.　因常與之言松漠·饒樂山川道路,
　　　蕃情逆順, 遠至於西域部落十數種, 歷歷可信. 臣教
　　　之以陳法, 無不點頭服義. 望陛下任之勿疑. 若萬徹,
　　　則勇以無謀, 難以獨任.」

太宗笑曰:「蕃人皆爲卿役使! 古人云:『以蠻夷攻蠻夷, 中國之
　　　勢也.』卿得之矣.」

【契丹】 고대의 종족 이름이며 遼나라를 세웠던 북방 민족. 고대 東胡族의 지파로
지금의 遼河 상류 시라무론(西拉木倫) 강 일대에서 유목생활을 하다가 北魏
때 契丹(Kitai)이라 칭함. 당나라 때 松漠都督府에 속하였으며 거란 수령을 현지
도독으로 임명하였음. 916년 추장 耶律阿保機가 契丹國을 세워 황제를 자칭
하다가 뒤에 국호를 遼로 고쳤으며 宋代에 이르러 中原 이북을 모두 차지함.
【奚】 고대 종족 이름. 東胡族. 원래 遼河 상류 柳城 서북에 살았으며 漢代에는
烏桓, 北魏 때에는 庫眞奚(庫莫奚), 隋唐 때에는 奚로 불렀음.
【松漠】 당나라 때 거란 지역에 설치하였던 都督府 이름. 貞觀 22년(648)에 지금의
내몽고 바린우치(巴林右旗)에 治所를 두었으며 시라무론(Xilamulon) 강 일대와
그 지류인 로하(老哈) 강 중하류 일대를 관할하였음.
【饒樂】 역시 당나라 도독부의 이름으로 정관 22년 奚族 지역에 두었음. 治所는
지금의 내몽고 寧城 서쪽. 로하(老哈) 강 상류와 하북 난하(灤河) 중상류 일대를
관할하였음.

【安北都護】당나라 때 설치하였던 都護府 이름. 당시 6大 都護府 중의 하나로 治所는 지금의 내몽고 杭愛山 동쪽이었음. 당시 磧北鐵勒 여러 부족의 府州였으며, 지금의 내몽고와 시베리아 남부 일대를 관할하였음.

【薛萬徹】敦煌 출신으로 隋나라 涿郡太守 薛世雄의 아들. 뒤에 형 薛萬鈞과 함께 唐나라에 복속하여 武安郡公에 봉해졌으며 右衛將軍, 代州都督, 右武衛大將軍 등을 역임함.《舊唐書》(69)와《新唐書》(94) 薛萬鈞전에 그의 전이 들어 있음.

【執失思力】돌궐의 추장. 執失은 성, 思力은 이름. 貞觀 때 隋蕭太后를 호송하였다가 당나라의 左領軍將軍을 제수받았으며 뒤에 공을 세워 安國公에 봉해짐.《新唐書》(110) 諸夷蕃將에 그의 전이 있음.

【契苾何力】鐵勒部 출신으로 契苾族의 수령 哥楞의 조카. 契苾은 氏族名이며 何力은 그의 이름. 貞觀 6년(632) 그의 어머니 率部와 唐에 투항하여 蔥山道副大總管, 右驍衛大將軍, 左驍衛大將軍, 鎭軍大將軍 등을 역임하였으며 郕國公에 봉해짐.《舊唐書》(109)와《新唐書》(110) 諸夷蕃將에 그의 전이 있음.

【中國】당시 漢族이 살던 중원 지역을 일컫는 말. 四夷의 가운데 있는 나라라는 뜻.

【以蠻夷攻蠻夷】'以夷制夷'와 같은 뜻임.

이
위
공
은
문
대

권중 卷中

중권은 모두 17절(章)로 되어 있다. 역시 중국 병법 이론에서의 기정奇正문제에 대하여 토론을 벌이고 있으며, 특히 허실虛實과 기정을 관계지어 설명하고 있다. 그리고 음양론을 병법에 적용하여 훈련 방법과 지휘 계통의 수립 등에 대하여 자세하게 다루고 있다. 그리고 일부 고대 병서에서 거론한 구체적인 이론들에 대한 해석과 오해를 바로잡은 이론을 제시하여, 기존 병서의 주석에 큰 도움을 주고 있다. 아울러 주객主客과 일로逸勞에 대한 이론은 치인致人으로 결론을 맺어 중국 병법의 최고 목표가 무엇인지 알 수 있도록 하였다.

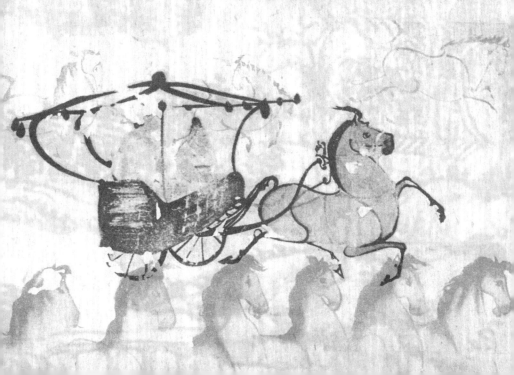

020(中-1)
허실虛實의 진정한 의미

태종이 말하였다.

"짐이 여러 병법서들을 보았더니 손무孫武를 넘어서는 것이 없더군요. 손무의 13편 중에서도 허실虛實을 넘어서는 것이 없더이다. 무릇 용병에서 허실의 대세를 알고 나면 승리하지 못할 것이 없는데, 지금 여러 장수들은 단지 능히 배실격허背實擊虛만을 말하면서 적과 마주치고 나서도 도리어 허실을 아는 자가 적으니, 대체로 능히 남을 다루지 못할뿐더러 도리어 적에게 휘둘리는 원인이 여기에 있는 것 같습니다. 어떻게 생각합니까? 경은 여러 장수들에게 그 요체의 모든 것을 일러 주시기 바랍니다."

이정이 말하였다.

"먼저 기정상변奇正相變의 방법을 가르쳐 준 다음에야 허실虛實의 형세를 말해 줄 수 있는 것입니다. 여러 장수들은 거의가 기奇가 정正이 되고 정이 기가 된다는 것을 모르고 있는데, 게다가 어찌 허虛라는 것이 곧 실實이요, 실이라는 것이 곧 허라는 것임을 알도록 할 수 있겠습니까!"

태종이 말하였다.

"묘책을 세우되 득실을 계산하여 이를 알아야 하고, 작전을 세우되 동정動靜의 이치를 알고 있어야 하며, 형세를 마련하되 사생의 지형을 알고 있어야 하며, 이를 비교하여 분석하되 그 여유와 부족한 곳을 알고 있어야 한다'라 하였는데 그렇다면 이는 기정은 나에게 있고, 허실은 적에게 있다는 뜻입니까?"

이정이 말하였다.

"기정이란 바로 적이 허실을 만들도록 유도하기 위한 것입니다. 적이 실實로 하면 우리는 반드시 정正으로써 하고, 적이 허虛로 하면 우리는 반드시 기奇로써 대처하는 것입니다. 진실로 장수로써 기정을 모른다면 비록 적의 허실을 알고 있다 해도 어찌 능히 이를 이루어 내겠습니까? 저는 임금의 조칙을 받들되 단지 여러 장수들에게 기정만을 가르칠 것이며, 그런 연후에 허실은 스스로 알도록 할 것입니다."

태종이 말하였다.

"기로써 정을 삼는다는 것은, 적이 기로써 할 의도가 있으면 우리는 정으로 이를 격파하는 것이며, 정으로써 기를 삼는다는 것은, 적이 정으로 덤빌 의도라면 우리는 기로써 이를 격파하는 것이군요. 적으로 하여금 그 세를 늘 허로써 하도록 하고, 우리의 형세는 항상 실로써 하도록 하면 되겠군요. 마땅히 이 법을 여러 장수들에게 가르쳐 주어 그들로 하여금 쉽게 알 수 있도록 하면 될 뿐입니다."

이정이 말하였다.

"천 마디 만 마디가 모두 '남을 내가 다루어야지 내가 남에게 휘둘리지 않도록 하라'는 말을 넘어서지 못할 뿐입니다. 저는 의당 이것으로써 여러 장수들을 가르치겠습니다."

太宗曰：「朕觀諸兵書，無出孫武．孫武十三篇，無出虛實．夫用兵，
　　　　識虛實之勢，則無不勝焉．今諸將中，但能言背實擊虛，
　　　　及其臨敵，則鮮識虛實者，蓋不能致人而反爲敵所致故也．
　　　　如何？卿悉爲諸將言其要．」

　靖曰：「先教之以奇正相變之術，然後語之以虛實之形可也．諸將
　　　　多不知以奇爲正，以正爲奇，且安識虛是實，實是虛哉！」

太宗曰：「『策之而知得失之計，作之而知動靜之理，形之而知死
　　　　生之地，角之而知有餘・不足之虛．』此則奇正在我，虛實
　　　　在敵歟？」

　靖曰：「奇正者，所以致敵之虛實也．敵實，則我必以正；敵虛，
　　　　則我必爲奇．苟將不知奇正，則雖之敵虛實，安能致之哉？
　　　　臣奉詔，但教諸將以奇正，然後虛實自知焉．」

太宗曰：「以奇爲正者，敵意其奇，則吾正擊之；以正爲奇者，敵意
　　　　其正，則吾奇擊之．使敵勢常虛，我勢常實．當以此法授
　　　　諸將，使易曉爾．」

　靖曰：「千章萬句，不出乎『致人而不致於人』而已，臣當以此教
　　　　諸將．」

【虛實】병법에 늘 거론되는 술어. 奇正과 같은 맥락의 군사 상황을 활용하는 방법으로 '虛虛實實'의 병법. 혹은 '以實擊虛'의 용병술이라 함.《孫子》에 虛實篇이 있음.

【背實擊虛】자신의 뒤쪽은 어떠한 경우라도 실질적인 안전이 보장되도록 해 놓고 적의 허점을 공격해 들어감.

【策之而知得失之計】《孫子》虛實篇에 "故策之而知得失之計, 作之而知動靜之理, 形之而知死生之地, 角之而知有餘不足之處. 故形兵之極, 至於無形, 無形則深間不能窺, 智者不能謀. 因形而錯勝於衆, 衆不能知; 人皆知我所以勝之形, 而莫知吾所以制勝之形. 故其戰勝不復, 而應形於無窮"이라 함.

【致人而不致於人】《孫子》虛實篇에 "孫子曰: 凡先處戰地而待敵者佚, 後處戰地而趨戰者勞. 故善戰者, 致人而不致於人"이라 함.

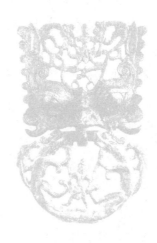

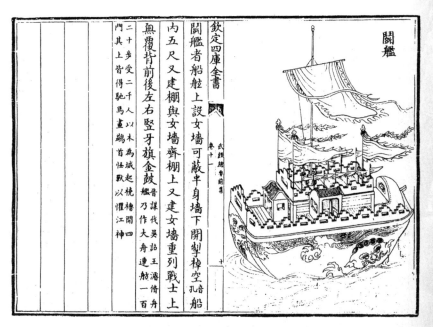

欽定四庫全書　　武經總要前集　卷十一　　鬭艦

鬭艦者船舷上設女墻可蔽半身墻下開制棹孔音船

内五尺又建棚與女墻齊棚上又建女墻重列戰士上

無覆背前後左右竪牙旗金鼓艦乃作大舟連船一百

二十步受二千人以木為城起樓櫓開四

門其上皆得馳馬晉謀伐吳詔王濬舟

門其上皆得馳鵝首怪獸以懼江神

《武經總要》에 실려 있는 고대 각종 전투 장비

021(中-2)
민족을 차별하지 말라

태종이 말하였다.

"짐은 요지도독瑤池都督을 설치하여 이를 안서도호安西都護에게 예속시켰습니다. 이민족과 한족의 병사들을 어떻게 처리하고 조치하면 되겠습니까?"

이정이 말하였다.

"하늘이 사람을 이 땅에 태어나게 하되 본래 이민족이니 한족이니 하는 구별이 없었습니다. 그러나 땅이 멀고 황막荒漠하여 그들은 반드시 사냥을 하여 살아가고 있는 것이며, 이로써 그들은 항상 전투를 익혀온 것입니다. 만약 우리가 그들에게 은혜와 믿음으로 어루만져 주며 옷과 먹을 것을 주어 보살핀다면, 그들은 모두 한족이 될 것입니다. 폐하께서 그곳에 도호를 두었는데 신은 한족 병사 수졸戍卒들을 거두어 이들을 내지에 배치하겠사오니, 그들에게 들어가는 식량에 대한 부담을 줄여 주시기를 청합니다. 이것이 병가兵家에서 소위 말하는 힘을 다스리는 방법입니다. 다만 한족 관리 중에 이민족의 사정에 익숙한 자를 택하여 이들을 그곳에 흩어 변방 요새를 지키도록 배치하면 됩니다. 이렇게 하면 족히 오래도록 경영할 수 있습니다. 혹 만약 경계해야 할 사건이 생긴다면 한족 병졸을 출동시키면 됩니다."

太宗曰:「朕置瑤池都督以隸安西都護, 蕃漢之兵, 如何處置?」

　靖曰:「天之生人, 本無蕃漢之別. 然地遠荒漠, 必以射獵而生,
　　　　由此常習戰鬪. 若我恩信撫之, 衣食周之, 則皆漢人矣.
　　　　陛下置此都護, 臣請收漢戍卒, 處之內地, 滅省糧饋, 兵家
　　　　所謂治力之法也. 但擇漢吏有熟蕃情者, 散守堡障, 此足
　　　　以經久. 或遇有警, 則漢卒出焉.」

【瑤池都督】唐 貞觀 23년(649) 金滿縣(지금의 新疆위구르자치구 阜康縣)에
瑤池都督府를 설치하여 安西都護府에 예속시켰으며, 左衛將軍 阿史那賀魯를
瑤池都督에 임명하였음.

【安西都護】唐代 여섯 도호부 중의 하나로 貞觀 14년(640)에 西州 交河城(지금의
新疆 吐魯番)에 설치하였으며, 顯慶 3년(658)에 이를 龜玆로 옮기고 龍朔 원년
(661)에는 龜玆, 于闐, 焉耆, 疏勒 등 安西 四鎭 및 月氏 등 96府州를 통할하도록
하였음.

【堡障】흙으로 쌓은 작은 보루와 장벽. 변방의 요새와 통치기구를 말함.

내용을 모른 채 병법 문장만 외워서야

태종이 말하였다.

"《손자》가 말한 바 힘을 다스린다는 것은 어떤 것입니까?"

이정이 말하였다.

"'내가 가까이 먼저 가 있으면서 적이 먼 길 오기를 기다리고, 나는 편안하면서 적이 지치기를 기다리며, 나는 배부르면서 적은 배고프기를 기다린다'라 하였으니 이것이 대략 그 개론일 뿐입니다. 용병에 뛰어난 자는 이 세 가지 뜻을 미루어 여섯 가지를 갖추어야 합니다. 바로 유혹으로써 적이 다가오도록 하며, 고요히 있으면서 적의 시끄러움을 기다리며, 중엄히 하여 적의 경솔함을 기다리며, 엄정히 하여 적의 나태함을 기다리며, 다스림으로써 적의 혼란을 기다리며, 수비로써 적의 공격을 기다리는 것입니다. 이에 반대로 한다면 힘이 그에 미치지 못하게 됩니다. 힘을 다스리는 방법이 아니고서 어찌 능히 전투에 임할 수 있겠습니까!"

태종이 말하였다.

"지금 사람들이 《손자》를 학습하는 자들은 단지 빈 껍데기의 문장만 외우고 있으니 그 뜻을 미루어 넓히는 자가 아주 적습니다. 힘을 다스리는 방법을 마땅히 여러 장수들에게 두루 일러 주시기 바랍니다."

太宗曰:「《孫子》所言治力何如?」

靖曰:「『以近待遠, 以佚待勞, 以飽待饑.』, 此略言其槪爾. 善用
兵者, 推此三義而有六焉: 以誘待來, 以靜待躁, 以重待輕,
以嚴待懈, 以治待亂, 以守待攻. 反是則力有弗逮. 非治力
之術, 安能臨兵哉!」

太宗曰:「今人習《孫子》者, 但誦空文, 鮮克追廣其義. 治力之法,
宜徧告諸將.」

【以近待遠】《孫子》軍爭篇에 "以治待亂, 以靜待譁, 此治心者也. 以近待遠, 以佚
待勞, 以飽待飢, 此治力者也. 無要正正之旗, 勿擊堂堂之陣, 此治變者也"라 함.
【徧】'두루, 널리'의 뜻. 遍과 같음.

023(中-4)
군사 훈련 방법

태종이 말하였다.

"오래된 장수와 늙은 병졸은 이미 쇠약한데다가 거의 남아 있지 않고, 지금 여러 군부는 새로 조직한 것으로 진을 치거나 적과 싸워 본 경험이 없는 이들입니다. 지금 어떤 방법으로 이들을 가르치는 것이 가장 중요합니까?"

이정이 말하였다.

"저는 항상 사졸을 세 등분으로 단계를 나누어 훈련을 시킵니다. 반드시 먼저 다섯 명씩 하나의 작은 부대로 묶습니다. 그 오법伍法이 이미 완성되고 나서는 이를 군교軍校에게 주어 훈련시킵니다. 이것이 첫 번째 단계입니다. 군교의 방법은 하나의 부대를 열씩으로 조직하고 다시 열 개의 부대를 백 개의 부대로 넓혀 나갑니다. 이것이 두 번째 단계입니다. 그리고 이를 비장裨將에게 주는데 비장은 이에 여러 군교의 부대를 모두 총괄하여 이들을 모아 진도陳圖를 만듭니다. 이것이 세 번째 단계입니다. 대장군大將軍은 이 세 단계의 방법을 잘 관찰하고 이에 크게 열병閱兵을 실시하여 제도의 장단점을 연구해 봅니다. 그리고 기병奇兵과 정병正兵으로 나누어 함께 벌칙을 시행하는 방법을 서약하고 나서, 폐하께서 높은 단에서 이를 살펴보시면 실시하지 못할 것이 없게 되는 것입니다."

태종이 말하였다.

"오법伍法에는 몇 사람의 이론이 있습니다. 누구의 이론이 가장 중요합니까?"

이정이 말하였다.

"제가 《춘추좌씨전春秋左氏傳》을 살펴보았더니 '선편후오先偏後伍'라 하였고, 다시 《사마법司馬法》에는 '다섯 명을 하나의 오伍로 삼는다'라 하였고, 《울료자尉繚子》에는 '속오령束伍令'이라는 규정이 있으며, 한漢나라 때는 척적尺籍과 오부伍符라는 제도를 시행한 적이 있습니다. 후세에는 오부와 척적을 종이에 기록하여 그 제도를 자세히 알 수 없습니다. 제가 그 법을 짐작하건대 5명이 변하여 15명이 되었고, 25명이 변하여 75명이 되었으니 이것이 바로 보졸步卒 75명, 갑사甲士 3명의 제도입니다. 수레를 쓰지 아니하고 기병騎兵으로 조직할 경우 25명이 8마馬가 되니 이것이 바로 오병오당五兵五當의 제도입니다. 이렇게 여러 병법가의 이론 중에 오직 오법伍法만이 이처럼 중요한 것입니다. 작은 대열은 5명으로 하며, 큰 대열은 25명으로 하고, 이를 3줄로 할 때는 75명이 됩니다. 또한 5줄로 할 때는 그 수가 375명이 되는데 그 중 300명은 정병으로 하고 60명은 기병으로 합니다. 이렇게 되면 150명씩을 2개의 정병으로 하고 30명씩을 2개의 기병으로 하여 좌우가 균등하게 됩니다. 그리고 사마양저司馬穰苴가 말한 바 '5명을 오伍로 하고 10명을 대隊로 한다'라는 것이 지금에 이르도록 그대로 이어오고 있는 것이니 이것이 그 요체입니다."

太宗曰:「舊將老卒, 凋零殆盡, 諸軍新置, 不經陳敵, 今教以何道爲要?」

　靖曰:「臣常教士, 分爲三等: 必先結伍法, 伍法旣成, 授之軍校, 此一等也; 軍校之法, 以一爲十, 以十爲百, 此一等也; 授之裨將, 裨將乃總諸校之隊, 聚爲陳圖, 此一等也. 大將軍察此三等之教, 於是大閱, 稽考制度, 分別奇正, 誓衆行罰, 陛下臨高觀之, 無施不可.」

太宗曰:「伍法有數家, 孰者爲要?」

　靖曰:「臣案《春秋左氏傳》云:『先偏後伍』; 又《司馬法》曰『五人爲伍』,《尉繚子》有「束伍令」, 漢制有尺籍伍符. 後世符籍以紙爲之, 於是失其制矣. 臣酌其法, 自五人而變爲二十五人, 自二十五人而變爲七十五人, 此則步卒七十五人・甲士三人之制也. 捨車用騎, 則二十五人當八馬, 此則五兵五當之制也. 是則諸家兵法, 唯伍法爲要. 小列之五人, 大列之二十五人, 參列之七十五人. 又五參其數, 得三百七十五人, 三百人爲正, 六十人爲奇. 此則百五十人分爲二正, 而三十人分爲二奇, 蓋左右等也. 穰苴所謂『五人爲伍, 十人爲隊』, 至今因之, 此其要也.」

【凋零】조락하고 쇠락함. 늙고 병들어 매우 쇠약해짐을 말함.

【伍法】고대 군대 편제와 훈련 부대의 기본 단위. 다섯 명을 단위로 '伍'라 함.《周禮》夏官 司馬에 "凡制軍, 萬二千五百人爲軍. 王六軍, 大國三軍, 次國二軍, 小國一軍. 軍將皆命卿. 二千有五百人爲師, 師帥皆中大夫. 五百人爲旅, 旅帥皆下大夫. 百人爲卒, 卒長皆上士. 二十五人爲兩, 兩司馬皆中士. 五人爲伍, 伍皆有長"이라 함.

【軍校】장군과 장령의 보조를 맡아 일을 처리하는 군관의 통칭.

【以一爲十二】明 劉寅의《武經七書直解》에 "以一伍爲十伍, 以十伍爲百伍, 謂合十伍而一之, 聚百伍而十之"라 함.

【裨將】副將.

【大閱】군대 전체의 열병.

【稽考】考課와 같음. 결과나 성적을 자세히 살펴봄.

【先偏後伍】전차를 앞에 세우고 보병을 뒤에 세워 그 수레 사이에서 작전을 펴 그 사이에서 빠져 나가지 못하게 함을 말함. 偏은 전차 25乘의 부대를 뜻함. 《左傳》桓公 5년에 "王奪鄭伯政, 鄭伯不朝. 秋, 王以諸侯伐鄭, 鄭伯御之. 王爲中軍; 虢公林父將右軍, 蔡人·衛人屬焉; 周公黑肩將左軍, 陳人屬焉. 鄭子元請爲左拒, 以當蔡人·衛人; 爲右拒, 以當陳人, 曰:「陳亂, 民莫有鬪心. 若先犯之, 必奔. 王卒顧之, 必亂. 蔡·衛不枝, 固將先奔. 旣而萃於王卒, 可以集事.」從之. 曼伯爲右拒, 祭仲足爲左拒, 原繁·高渠彌以中軍奉公, 爲魚麗之陣. 先偏後伍, 伍承彌縫. 戰于繻葛. 命二拒曰:「旝動而鼓!」蔡·衛·陳皆奔, 王卒亂, 鄭師合以攻之, 王卒大敗. 祝聃射王中肩, 王亦能軍. 祝聃請從之. 公曰:「君子不欲多上人, 況敢陵天子乎? 苟自救也, 社稷無隕, 多矣.」夜, 鄭伯使祭足勞王, 且問左右"라 하였으며, 杜預의 주에 《司馬法》을 인용하여 "戰車二十五乘爲偏"이라 함. 이는 당시 周나라 桓王이 蔡·衛·陳 등 제후국을 거느리고 鄭나라를 칠 때 鄭 莊公이 이를 막자, 子元이 魚麗之陣을 쳐서 "先偏後伍하여 伍承彌縫"할 것을 청하자, 즉시 전차를 앞에 배치하고 보병을 뒤에 두어, 그 틈을 이용하여 작전을 펴 적이 빠져 나가지 못하게 한 데서 유래함. 028 참조.

【五人爲伍】지금의 《사마법》에는 이 구절이 없으며, 杜佑의 《通典》(148)에 "司馬穰苴曰: 五人爲伍, 十伍爲隊"라 함.

【束伍令】伍隊를 훈련시키고 작전을 수행하는 규정과 법령. 《尉繚子》에 束伍令 篇이 있음.

【尺籍】한 자 길이의 竹簡이나 木簡에 군법이나 군에 관한 규정을 적은 기록.

【伍符】군대 내에서 통용하던 각종 문서의 符信. 증명서나 서로의 비밀, 약속을 확인하는 刻符.

【五兵五當】五兵은 다섯 가지 병기, 무기. 《司馬法》定爵篇에 "凡五兵五當, 長以衛短, 短以救長"이라 하였음. 오병은 弓矢·殳·矛·戟·戈를 가리키며 이들 병기의 길이와 장단점을 활용하여 전투를 벌임을 뜻함. 여기서는 李靖이 騎兵戰을 펼 때 八馬를 伍로 하여 步兵 25인을 병합하여 步騎 혼합병의 편제이므로 각기 달리 운용해야 함을 말한 것임.

【三百人爲正】《武經直解》에 "三百人爲正, 六十人爲奇, 餘十五人則每車甲士三人, 五車共一十五人也. 三百六十人分爲奇正, 但言其卒而不言其將也"라 함.

【此則百五十人分爲二正】《武經直解》에 "左二正用一百五十人, 二奇用三十人; 右二正亦用一百五十人, 二奇亦用三十人, 共三百六十人也. 是小列之七十五人爲一正, 十五人爲一奇; 大列之三百人爲一正, 六十人爲一奇也"라 함.

태종이 말하였다.

"내가 이적李勣과 병법을 논할 때면 그의 설명이 거의 그대가 말한 것과 같았으나, 다만 이적은 그러한 병법의 출처에 대해서는 깊이 연구하지 않은 것 같소. 그대가 만들었다는 육화진법六花陳法은 어느 진법에서 나온 것입니까?"

이정이 말하였다.

"저의 그 진법은 제갈량의 팔진법八陳法을 근본으로 한 것입니다. 큰 진이 작은 진을 싸고 있고 큰 진영이 작은 진영을 싸고 있으며 네 귀퉁이가 서로 연결되게 하여 굽은 형태와 꺾인 형태가 서로 마주하도록 한 것으로 옛날 제도가 이와 같았습니다. 제가 이를 그림으로 그려 그대로 따랐는데, 그 때문에 밖은 모나게 금을 긋고 안은 둥글게 동그라미로 표시하여 여섯 개의 꽃 모양을 이루어 속칭으로 그렇게 부르고 있을 뿐입니다."

태종이 말하였다.

"안은 동그라미로 밖은 모나게 한다 함은 무엇을 말한 것입니까?"

이정이 말하였다.

"모나게 하는 것은 정병正兵 때문에 그렇게 만든 것이며, 동그라미로
한 것은 기병奇兵을 위해 생겨난 것입니다. 모나게 한 것은 걸음의
길이를 자로 하여 만들고 동그라미는 연결하여 한 바퀴 돌아 이어진
것이니, 이는 걸음의 숫자로 땅을 정하고 행진이 이어지게 한 것은
하늘이 둥근 것을 나타낸 것으로, 걸음수가 정해지고 연결된 고리가
정확하다면 어떠한 변화에도 혼란이 일어나지 않게 되는 것입니다.
팔진을 여섯으로 한 것은 무후(제갈량)의 옛 진법에 근거한 것입니다."

태종이 말하였다.

"모나게 금을 그어 그 걸 때 그 금을 볼 수 있게 하고, 점으로
원을 그려 병사의 모습이 보이게 하였으니, 도보행진에 발걸음을 가르
치기 편하고 병사들은 손으로 무기를 다루는 법을 배울 수 있군요.
이렇게 발과 손이 모두 편리하게 되었으니, 이 정도면 훈련의 반은
넘어선 것입니까?"

이정이 말하였다.

"오기는 '아군의 행렬이 끊어져도 분리되지 아니하고, 퇴각할 때라도 흩어지지 않는다'라 하였는데 바로 이러한 보법步法입니다. 병사를 가르치는 것은 마치 바둑에서 바둑판에 바둑 두는 것과 같으니 만약 바둑판에 금을 그려놓지 않는다면 어찌 바둑을 둘 수 있겠습니까? 손무는 '땅이 있으면 그 길이나 넓이를 재어야 하고, 그것을 재고 나면 필요한 양을 맞추어야 하고, 양을 맞추고 나서는 필요한 병력을 맞추어야 하며, 병력이 그에 맞으면 승리를 이끌어 낼 수 있다. 전투에 승리하는 병법은 마치 저울에 아주 큰 양을 올려놓고 아주 작은 양을 재어 보는 것과 같고, 전투에 패배하는 병법은 마치 아주 작은 양으로 많은 양을 저울에 달아보는 것과 같다'라 하였습니다. 이처럼 이는 모두가 방원方圓을 재어 보고 달아 보는 데에서 시작되는 것입니다."

태종이 말하였다.

"깊도다! 손무의 말이여. 땅의 원근과 지형의 광협廣狹을 재어 보지 않는다면, 어떤 방법으로 그 절주(節奏, 거리)를 통제할 수 있으리오!"

이정이 말하였다.

"용렬한 장수는 거의 그 절주를 아는 자가 아주 드뭅니다. '전투에 능한 자는 그 작전태세를 험하게 조성하고 행동의 절주는 짧게 한다. 태세는 마치 활줄을 잔뜩 잡아당긴 듯이 하고 절주는 마치 그 활을 쏘는 것처럼 한다'라 하였습니다. 저는 그 방법을 수정하여 입대立隊는 서로 그 사이를 각각 10보씩 거리를 두며, 주대駐隊는 그 앞의 대열과 20보의 간격을 두되 건너 뛰어 한 부대씩의 전대戰隊를 사이에 세워 전진할 때는 50보를 그 간격의 거리로 삼습니다. 그리하여 호각을 한 번 불면 여러 부대가 모두 흩어져 서되 10보 안에서 움직이며, 네 번째 호각소리에 이르면 창을 잡고 오똑 앉습니다. 이에 북을 울리면 세 번 구호를 외치고 세 번 함성을 지릅니다. 그리하여 30보에서 50보 내에서 적의 변화를 제압합니다. 그리고 기병이 그 뒤에서 출격하여 역시 50보 안에서 때를 맞추어 행동을 그칩니다. 앞에는 정병을 배치하고 뒤에는 기병을 배치하여 적이 어떻게 행동하는가를 살핍니다. 북을 두 번 울리면 반대로 기병奇兵이 앞에 서고 정병正兵이 뒤에 기다려 다시 적이 오기를 기다렸다가 틈을 보아 그들의 허점을 치고 들어갑니다. 이것이 육화진법의 대략적인 것이며 모두가 이와 같습니다."

太宗曰:「朕與李勣論兵, 多同卿說, 但勣不究出處爾. 卿所制六花
　　　陳法, 出何術乎?」

　靖曰:「臣所本諸葛亮八陳法也. 大陳包小陳, 大營包小營, 隅落
　　　鉤連, 曲折相對, 古制如此. 臣爲圖因之, 故外畫之方,
　　　內環之圓, 是成六花, 俗所號爾.」

太宗曰:「內圓外方, 何謂也?」

　靖曰:「方生於正, 圓生於奇. 方所以矩其步, 圓所以綴其旋,
　　　是以步數定於地, 行綴應乎天, 步定綴齊, 則變化不亂.
　　　八陳爲六, 武侯之舊法焉.」

太宗曰:「畫方以見步, 點圖以見兵, 步敎足法, 兵敎手法, 手足
　　　便利, 思過半乎?」

　靖曰:「吳起云:『絶而不離, 卻而不散.』此步法也. 敎士猶布
　　　棊於盤, 若無畫路, 棊安用之? 孫武曰:『地生度, 度生量,
　　　量生數, 數生稱, 稱生勝. 勝兵若以鎰稱銖, 敗兵若以銖
　　　稱鎰.』皆起於度量方圓也.」

太宗曰:「深乎! 孫武之言. 不度地之遠近・形之廣狹, 則何以制
　　　其節乎!」

　靖曰:「庸將罕能知其節者也.『善戰者, 其勢險, 其節短, 勢如
　　　彍弩, 節如發機.』臣修其術, 凡立隊, 相去各十步, 駐隊
　　　去前隊二十步, 每隔一隊立一戰隊. 前進以五十步爲節.
　　　角一聲, 諸隊皆散立, 不過十步之內; 至第四角聲, 籠槍
　　　跪坐. 於是鼓之, 三呼三聲, 三十步至五十步以制敵之變.
　　　馬軍從背出, 亦五十步臨時節止. 前正後奇, 觀敵如何.
　　　再鼓之, 則前奇後正, 復邀敵來, 伺隙擣虛. 此六花大率
　　　皆然也.」

【六花陳法】諸葛亮의 八陳圖를 변용한 것으로《武備志》(60)에 李靖의 ‘六花陣圖’가
실려 있다.《武經直解》에 “李靖六花陣卽七軍陣也. 七軍是每軍七陣, 七陣七七
四十九小陣也”라 하여 方陣을 內圓外方의 형태로 변형하여 주위에 여섯 진을
두고 가운데 中軍을 두어 모두 7개의 진을 형성하며, 그 모습이 여섯 꽃잎과
같다 하여 붙여진 이름. 이들 7개 진에는 다시 작은 진이 7개씩 있어 모두
49개의 진으로 조직하며, 중군을 奇兵으로 나머지 6개의 진을 正兵으로 함.
그리고 좌우에 虞侯軍 각 하나씩과 廂軍 2개씩으로 하며, 그들 매 군은 7개씩
모두 42개 그리고 중군 7개의 소진으로 모두 49개가 됨. 이 진법은 지형에
맞추어 方·圓·曲·直·銳 등의 각종 변화를 쉽게 만들 수 있다 함.

【隅落鉤連】육화진 내에서 각 小陣의 상호 밀접한 연결을 뜻함. ‘隅’는 진의
네 귀퉁이. ‘落’은 네 角. 鉤連은 서로 連環 관계를 이루어 단절되지 않도록
함을 말함.

【曲折相對】각 소진의 전환과 교차 지점에서 서로 대칭을 이루어 정연한 모습을
갖춤을 뜻함.

【外畫之方】밖으로 구획을 지어 구분함. ‘畫’는 ‘劃’과 같음.《武經直解》에 “外畫
之方, 八陣之舊也; 內環之圓, 六花之變法也”라 함.

【矩】曲尺. 굽은 부분이나 원을 그릴 때 쓰는 자. 規矩의 일종.

【絶而不離】《吳子》治兵篇에 “所謂治者, 居則有禮, 動則有威, 進不可當, 退不
可追, 前却有節, 左右應麾, 雖絶成陳, 雖散成行”이라 함.

【棊】碁, 棋와 같음. 바둑을 말함.

【地生度】《孫子》形篇에 “兵法: 一曰度, 二曰量, 三曰數, 四曰稱, 五曰勝. 地生度,
度生量, 量生數, 數生稱, 稱生勝. 故勝兵若以鎰稱銖, 敗兵若以銖稱鎰. 勝者之戰
民也, 若決積水於千仞之谿者, 形也”라 함.

【方圓】방형과 원형. 지형에 따라 여러 가지 형태를 변화시킴을 말함.

【善戰者】《孫子》形篇에 “激水之疾, 至於漂石者, 勢也; 鷙鳥之疾, 至於毀折者,
節也. 是故善戰者, 其勢險, 其節短. 勢如彉弩, 節如發機”라 함. 彉은 ‘彍’과 같음.

【立隊】제1전선에 공격을 기다리는 부대.

【駐隊】제2전선에 다음 공격을 기다리는 부대.

【戰隊】前鋒隊. 先鋒隊.《武經直解》에 “疑卽前所謂前鋒隊, 步騎相半者也”라 함.

【籠槍】창을 지니고 있음.

【伺隙】상대의 틈을 엿봄.

【擣虛】적의 허점을 치고 들어가 공격함. ‘擣’는 ‘搗’와 같음.

《파진악무破陳樂舞》

태종이 말하였다.

"《조공신서》에 '진을 형성하여 적과 마주치면, 반드시 먼저 표지판을 세워 병사들이 그 표지판을 따라 진을 치도록 인도해야 한다. 만약 그 사이 적을 만나면 나머지 부대로써 감히 나서서 공격받는 아군을 구출하지 않는 자는 참수한다'라 하였는데 이는 어떤 방법입니까?"

이정이 말하였다.

"적군과 맞닥뜨려 표지판을 세운다는 것은 잘못된 것입니다. 이는 단지 전투를 가르칠 때의 방법일 뿐입니다. 옛 사람으로 용병에 뛰어났던 자는 정병正兵을 가르쳤지 기병奇兵은 가르치지 않았습니다. 그리하여 무리 몰기를 마치 양 떼 몰 듯하여 함께 나가고 함께 물러서면서도 그 병사들은 어디로 가는지도 모르도록 하였습니다. 조공(曹操, 조조)은 교만하면서 이기기를 좋아하였습니다. 당시 여러 장수들은 조공의《신서新書》만을 높이 여기는 자들로 감히 그것의 단점을 반박하지 못하였습니다. 게다가 적을 맞닥뜨려 표지를 세운다면 너무 늦은 것이 아니겠습니까?

秦王破陣樂舞圖

저는 몰래 생각하건대 폐하께서 지으신 《파진악무破陳樂舞》에서 앞
으로 내세운 네 가지 표지와 뒤에 엮어 세운 여덟 가지 깃발, 그리고
좌우에 꺾어서 돌도록 한 행진, 앞으로 달려나오면서 걸음에 맞추어
치는 금고金鼓 등은 각기 그 절주節奏가 있으니, 이것이 바로 팔진도에서의
사두팔미四頭八尾의 제도인 것입니다. 세상 사람들은 단지 음악과 춤의
화려함만을 볼 뿐이니 어찌 군용軍容이 이와 같은 것임을 알 수 있겠습니까!"

태종이 말하였다.

"옛날 한漢 고조高祖가 천하를 평정하고 '어찌하면 용맹한 군사를
얻어 사방을 지켜낼꼬!'라 노래하였는데, 이는 아마 병법이란 뜻으로나
전할 수 있을 뿐 말로는 전해 줄 수 없음을 말한 것이겠지요. 짐이
지은 《파진악무》에 대하여 오직 그대만이 이미 그 표현한 바를 알고
있군요. 후세에 누군가가 내가 이를 구차하게 지은 것이 아님을
알아 주겠지요."

太宗曰:「《曹公新書》云:『作陳對敵, 必先立表, 引兵就表而陳. 一部受敵, 餘部不進救者斬.』此何術乎?」

靖曰:「臨敵立表, 非也. 此但教戰時法爾. 古人善用兵者, 教正不教奇, 驅眾若驅群羊, 與之進, 與之退, 不知所之也. 曹公驕而好勝, 當時諸將奉《新書》者, 莫敢攻其短. 且臨敵立表, 無乃晚乎? 臣竊觀陛下所製《破陳樂舞》, 前出四表, 後綴八幡, 左右折旋, 趨步金鼓, 各有其節, 此卽八陳圖四頭八尾之制也. 人間但見樂舞之盛, 豈有知軍容如斯焉!」

太宗曰:「昔漢高帝定天下, 歌云:『安得猛士兮守四方!』蓋兵法可以意授, 不可以語傳, 朕爲《破陳樂舞》, 唯卿已曉其表矣. 後世其知我不苟作也.」

【作陳對敵】《曹操集》步戰令에 실려 있는 구절.

【破陳樂舞】 당나라 때 궁정 樂舞의 이름. 太宗 李世民이 秦王에 봉해졌을 때 자신의 군대를 다스리면서 작전용으로 사용하여 처음에는 〈秦王破陣樂曲〉이라 불렀으나, 貞觀 7년(633)에 〈秦王破陣樂舞圖〉를 제정하고 이를 음악으로 정리하여 魏徵과 虞世南 등이 가사를 붙였으며, 반란을 토벌한 태종의 정벌과 武功을 칭송한 것임. 뒤에는 이를 《左傳》宣公 12년의 七德(禁暴·戢兵·保大·定功· 安民·和衆·豐財)에 비유하여 〈七德舞〉라 하였음. 《新唐書》禮樂志 참조. 《幼學 瓊林》에 "更知唐主頌成功, 舞揚七德; 且仰漢高頒令典, 約法三章"이라 함.

【表】 〈破陣樂舞〉에 사용하는 깃발을 가리킴. 陳은 陣과 같음.

【漢高祖】 劉邦(B.C.256, 혹 247~195). 漢王朝를 건립한 인물. 자는 季. 秦末 沛縣 (지금의 강소성) 豐邑의 泗水亭長이었으나, 陳涉과 吳廣의 반기를 보고 沛公이 되어 項梁에 부속하여 義帝를 세우고 項羽와 함께 反秦 대열에 합류, B.C.206년 제일 먼저 關中으로 들어가 咸陽에서 '約法三章'을 선포함. 뒤에 항우의 세력에 굴복하여 漢中王을 받았으나, 다시 항우와 楚漢戰을 벌여 결국 B.C.202년 항우를 垓下에서 궤멸시키고 황제에 오름.

【安得猛士】 한 고조 유방이 황제가 된 뒤 고향에 들렀을 때(B.C.195) 불렀던 노래 〈大風歌〉의 구절. 《史記》高祖本紀에 "高祖還歸, 過沛, 留. 置酒沛宮, 悉召 故人父老子弟縱酒, 發沛中兒得百二十人, 敎之歌. 酒酣, 高祖擊筑, 自爲歌詩曰: 「大風起兮雲飛揚, 威加海內兮歸故鄉, 安得猛士兮守四方!」令兒皆和習之. 高祖 乃起舞, 慷慨傷懷, 泣數行下"라 함.

【已曉其表】 〈破陣樂舞〉의 높은 뜻을 이해하고 깨달음. 《武經直解》에 "已曉其言 意之表矣"라 함.

오방색五方色과 신호 방법

태종이 말하였다.

"다섯 방위에 따라 다섯 색깔의 깃발을 사용하는 것은 정병正兵입니까? 깃발을 뒤섞어 적이 알지 못하도록 신호를 내려, 적을 중간에서 잘라 내도록 하는 것은 기병奇兵의 방법입니까? 분리하고 합하도록 하는 변화에 그 대오의 수는 어떻게 하는 것이 알맞습니까?"

이정이 말하였다.

"저는 고대의 병법을 참작하여 사용합니다. 무릇 세 부대를 합할 때면 그들 깃발이 서로 가까이 있지만 서로 합치지는 않습니다. 그러나 다섯 부대를 합하여 하나로 만들 때면 두 개의 부대씩 깃발이 합하도록 합니다. 열 개의 부대를 합하여 하나로 하면 다섯 개의 깃발을 합하여 하나로 합니다. 이 때 호각을 불어 다섯 개로 합한 부대를 분리시키면 이들은 흩어져 다시 10개의 부대로 바뀝니다. 그리고 둘씩 합하여 하나의 깃발로 된 부대를 분리시키면 이들은 다시 흩어져 5개의 부대로 바뀝니다. 그리고 처음 서로 깃발을 합치지 않은 부대를 분리시키면 이들은 흩어져 다시 3개의 부대가 됩니다. 병사들이 흩어지면 모아 하나로 만드는 것을 기병奇兵으로 삼고, 군대가 집합하여 모이면 흩어져 있는 부대를 기병으로 삼습니다. 이렇게 세 번 명령을 내리고 다섯 번 가르쳐 준 다음, 세 번 흩어졌다가 세 번 다시 모인 연후에야 다시 정병正兵으로 돌아가는 것으로, 이렇게 해야 사두팔미四頭八尾 법을 가르칠 수 있습니다. 이것이 대오를 가르치는 방법으로 알맞은 것입니다."

太宗曰：「方色五旗爲正乎? 旛麾折衝爲奇乎? 分合爲變, 其隊數
　　　曷爲得宜?」
　靖曰：「臣參用古法, 凡三隊合, 則旗相倚而不交; 五隊合, 則兩
　　　旗交; 十隊合, 則五旗交. 吹角, 開五交之旗, 則一復散而
　　　爲十; 開二交合爲旗; 則一復散而爲五; 開相倚不交之旗,
　　　則一復散而爲三. 兵散, 則以合爲奇; 合, 則以散爲奇.
　　　三令五申, 三散三合, 然復歸於正, 四頭八尾乃可敎焉.
　　　此隊法所宜也.」
太宗稱善.

【方色五旗】음양오행설의 五行과 方位, 색깔 등을 배분함을 말함. 木(東方·
　靑色·仁·貌), 火(南方·赤色·禮·視), 金(西方·白色·義·言), 水(北方·黑色·
　信·聽), 土(中央·黃色·智·思)의 배합관계를 이루며 그 중 군대의 깃발을
　이 색에 맞추어 제정함.
【旛麾】여러 가지 지휘용 및 부대 구분을 위한 깃발들.
【折衝】적을 끊고 들어가 충격함. 용감한 군대를 말함.
【三令五申】신신당부를 함.

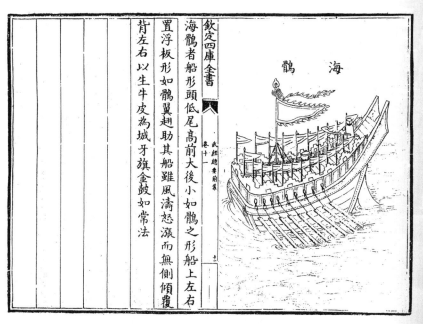

背左右以生牛皮爲城牙旗金皷如常法

置浮板形如鶻翼翅助其船雖風濤怒漲而無側傾覆

海鶻者船形頭低尾高前大後小如鶻之形船上左右

海　鶻

《武經總要》에 실려 있는 고대 각종 전투 장비

전기戰騎·함기陷騎·유기遊騎

태종이 말하였다.

"조공曹公의 책에는 전기戰騎와 함기陷騎, 그리고 유기遊騎가 있던데 지금의 마군(馬軍, 騎兵)은 어디에 비교할 수 있습니까?"

이정이 말하였다.

"제가 조공의 《신서新書》를 살펴보았더니 '전기는 앞에 세우며 함기는 가운데 세우고 유기는 뒤에 세운다'라 하였습니다. 그렇다면 각각 세운 자리에 이름을 붙여 세 가지로 분류한 것일 뿐입니다. 대체로 기대騎隊는 여덟 필의 말을 하나의 조직으로 하며, 그에 따른 거도車徒는 24명씩입니다. 따라서 24기라면 거도가 모두 72명이 됩니다. 이것이 고대의 제도입니다. 거도는 항상 정병의 임무를 가르치며 기대에게는 기병奇兵의 임무를 가르칩니다. 그러나 조공의 글에 근거하면 전후 및 중앙에 세 개의 부대, 즉 삼복三覆을 가리키는 것으로 양쪽 두 날개 부분은 거론하지 않았으며, 그저 한쪽 끝만 들어 설명하였던 것입니다. 뒷사람들이 이러한 삼복의 뜻을 알지 못한 채 전기는 반드시 함기와 유기 앞에 배치되어야 한다고 여긴 것이니, 그렇게 해서 어찌 이들을 사용할 수 있겠습니까? 저는 이 방법에 매우 익숙하여 한 바퀴 돌아온 부대는 다시 돌아 진을 이루도록 하고 있으니, 그렇게 되면 '유기'가 맨 앞에 있을 수도 있고, '전기'가 맨 뒤에 있을 수도 있으며, '함기'는 그 변화에 따라 구분하게 되는 것이니 이 모두가 조공의 방법인 것입니다."

태종이 웃으면서 말하였다.

"얼마나 많은 사람들이 조공 때문에 혼동을 느꼈을까!"

太宗曰:「曹公有戰騎·陷騎·遊騎, 今馬軍何等比乎?」

靖曰:「臣案《新書》云:『戰騎居前, 陷騎居中, 遊騎居後』如此
則是各立各號, 分爲三類爾. 大抵騎隊八馬當車徒
二十四人, 二十四騎當車徒七十二人, 此古制也. 車徒
常教以正, 騎隊常教以奇. 據曹公, 前後及中分爲三覆,
不言兩廂. 擧一端言也. 後人不曉三覆之義, 則戰騎必
前於陷騎·遊騎, 如何使用? 臣熟用此法, 回軍轉陳,
則遊騎當前, 戰騎當後, 陷騎臨變而分, 皆曹公之術也.」

太宗笑曰:「多少人爲曹公所惑!」

【戰騎·陷騎·遊騎】戰騎는 직접 적으로 돌진하는 기병. 陷騎는 전기를 따라
적진으로 들어가 전체를 장악하는 기병. 遊騎는 응원과 경계를 담당하며 즉시
출동할 수 있도록 준비하고 있는 기병대.
【車徒】전차부대에 배속된 보병.
【三覆】부대의 전위대, 중간 부대, 후미 부대를 뜻함.
【兩廂】부대의 좌우 兩翼. 양 날개.

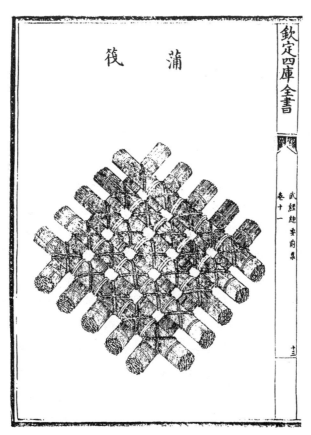

筏　蒲

《武經總要》에 실려 있는 고대 각종 전투 장비

028(中-9)
어려진魚麗陳의 선편후오先偏後伍

태종이 말하였다.

"전차와 보병, 기병 이 세 가지의 운용 방법은 하나로 똑같습니다. 그렇다면 이를 어떻게 운용하는가 하는 것은 사람에 달렸겠군요?"

이정이 말하였다.

"제가 춘추시대 어려진魚麗陳의 선편후오先偏後伍를 살펴보았더니, 거기와 보병은 있지만 기병은 없으며, 좌거左拒·우거右拒라 말하고 막아 방어하다拒禦라는 말만 있는 것으로 보아 기병을 내어 승리를 취하는 법을 취한 것은 아님을 알 수 있습니다. 진晉나라 순오荀吳가 적狄을 칠 때 수레는 버리고 도보로 싸웠습니다. 이는 기병이 많으면 전투에 유리하므로 오직 새로운 기병을 내어 승리하고자 힘쓴 것이지, 결코 막아서 방어만 하면 된다고 여긴 것은 아닙니다. 저는 이 방법을 종합하여 대체로 하나의 기병이 보병 셋을 감당할 수 있다고 보며, 전차와 보병을 거기에 적당히 배합시켜 셋이 혼합하여 통일된 지휘하에 있도록 편성하였습니다. 그러나 그 운용의 묘는 지휘하는 자에게 있는 것이니, 이렇게 되면 적이 어찌 아군의 전차가 어디에서 출격하여 나올지 알 수 있겠으며, 아군의 기병이 어디로부터 습격해 올지 또는 보병이 어디에서 나타나 자신들을 습격할지 알 수 있겠습니까? 혹 구지九地에 숨어 있다가 솟아나며 혹 구천九天에서 쏟아져 내리듯 하게 하는 것, 이러한 지혜가 신과 같은 이는 오직 폐하에게나 있을 것이니, 제가 어찌 족히 이를 알겠습니까!"

太宗曰:「車·步·騎三者一法也, 其用在人乎?」

靖曰:「臣案春秋魚麗陳先偏後伍, 此則車·步無騎, 謂之左右拒,
言拒禦而已, 非取出奇勝也. 晉荀吳伐狄, 捨車爲行, 此則
騎多爲便, 唯務奇勝, 非拒禦而已. 臣均其術, 凡一馬當
三人, 車·步稱之, 混爲一法, 用之在人, 敵安知吾車果
何出, 騎果何來, 徒果何從哉? 或潛九地, 或動九天, 其知
如神, 唯陛下有焉, 臣何足以知之!」

【魚麗陳先偏後伍】魚麗陳(魚麗陣)은 춘추시대 鄭 莊公이 周 桓王과의 전투에서
활용하였던 진법. 좌우에 두 개의 方陣을 세우고 뒤의 중앙에 中軍을 세워
'品'자를 거꾸로 한 형태를 취함. 각 진에는 25승의 전차를 하나의 偏으로 하며
각 군에는 5편을 배치하여 마치 어망과 같은 형태를 취하여 붙여진 이름. 023의
본문 및 주를 참조할 것.

【左右拒】좌우 두 개의 方陣. 杜預 주에 '拒, 方陣'이라 함. 鄭 莊公이 魚麗陣을
치고 蔡仲에게는 周 桓王의 오른쪽 부대를 막고, 曼伯에게는 혼왕의 왼쪽 부대를
막도록 하며 자신은 뒤의 中軍에서 지휘하였음.

【荀吳伐狄】춘추시대 晉나라 荀吳(中行穆子)가 B.C.541년 狄을 토벌할 때 진나
라는 戰車를 사용하였으며, 狄은 步兵으로 맞섰는데 지형상 전차를 활용할
수 없어 魏舒의 의견을 받아들여 전차를 버리고 보병으로 개편하여 大鹵(지금의
山西省 太原)에서 적을 크게 깨뜨린 사건. 015의 본문 및 주를 볼 것.

【潛九地·動九天】'藏九地'로 되어 있으며 이는 수비할 때는 자신의 모책을 아주
깊이 감추어 적이 알 수 없도록 함을 뜻하며, '動九天'은 공격할 때 마치 하늘
끝에서 쏟아지듯이 위력을 발휘함을 뜻함. 《孫子》形篇에 "不可勝者, 守也;
可勝者, 攻也. 守則不足, 攻則有餘. 善守者, 藏於九地之下; 善攻者, 動於九天之上.
故能自保而全勝也"라 함.

태종이 말하였다.

"태공太公의 병법에 '땅 위에 방진方陣을 칠 때 6백 보로 하기도 하고 혹은 6십 보로 하기도 한다. 표지는 12지支의 순서로 한다'라 하였는데 이 방법은 어떤 것입니까?"

이정이 말하였다.

"땅에 네모 방진을 그을 때 1천 2백 보로 하며 사방 네모까지 균등하게 형태를 이루어 정방형으로 합니다. 매 부대는 20보의 네모진 형태의 땅을 차지하며, 옆으로 5보에 하나씩 사람을 세우며 세로로 4보에 사람을 하나씩 세웁니다. 이렇게 하여 모두 2천 5백 명을 5 방향으로 나누어 비어 있는 네 곳은 소위 말하는 진영 사이의 공간이 있는 진이라는 것입니다. 무왕武王이 주紂를 칠 때 호분虎賁이 각각 3천 명을 관장하였는데, 매 진마다 6천 명씩으로 모두 3만 명의 무리였습니다. 이것이 태공이 땅을 구획한 방법입니다."

태종이 말하였다.

"그대의 육화진六花陳의 땅 구획은 얼마의 길이로 합니까?"

이정이 말하였다.

"대열大閱은 땅에 네모지게 1천 2백 보로 하며, 그 안에 여섯 개의 진을 수용하며 각 주위는 4백 보로 합니다. 육진은 동서 양쪽과 중간 빈 곳에 1천 2백 보의 땅은 작전을 가르치는 장소로 이용합니다. 저는 일찍이 병사 3만 명을 교련시킨 적이 있는데, 육진의 매 진마다 5천 명씩이었으며, 그 가운데 1진에게는 주영駐營의 방법을 연습시켰고, 나머지 5개의 진은 방方과 원圓, 곡曲과 직直, 그리고 예銳의 진형을 가르쳤으며, 매 진마다 다섯 번씩의 변화를 훈련하여 다섯 개 진이 모두 25번씩 변화를 거쳐야 끝나는 것이었습니다."

태종이 말하였다.

"오행진五行陳이란 어떤 것입니까?"

이정이 말하였다.

"원래 오방색五方色에 근거를 두고 생긴 이름입니다. 방·원·곡·직· 예는 실제로 지형에 따라 그렇게 나눈 것으로, 무릇 군대가 평소 이 다섯 가지 경우를 연습해 놓지 않는다면 어찌 전투에 임할 수 있겠 습니까? 병법이란 궤휼詭譎의 도입니다. 그 때문에 억지로 오행五行에 맞추어 이름을 붙인 것이며, 이를 꾸며 술수術數로써 상생相生과 상극相克의 의미를 부여한 것입니다. 실제로 병법이란 그 형태가 물과 같은 것으로 지형에 따라 흐름이 제약되는 것이니 이것이 그 요지입니다."

太宗曰:「太公書云:『地方六百步, 或六十步, 表十二辰』其術如何?」

靖曰:「畫地方一千二百步, 開方之形也. 每部占地二十步之方,
　　　横以五步立一人, 縱以四步立一人. 凡二千五百人, 分
　　　五方, 空地四處, 所謂陳間用陳者也. 武王伐紂, 虎賁各掌
　　　三千人, 每陳六千人, 共三萬之衆. 此太公畫地之法也.」

太宗曰:「卿六花陳畫地幾何?」

靖曰:「大閱地方千二百步者, 其義六陳, 各占地四百步, 分爲東
　　　西兩廂, 空地一千二百步, 爲教戰之所. 臣常教士三萬,
　　　每陳五千人, 以其一爲營法, 五爲方·圓·曲·直·銳之形,
　　　每陳五變, 凡二十五變而止.」

太宗曰:「五行陳如何?」

靖曰:「本因五方色立此名. 方·圓·曲·直·銳, 實因地形使然.
　　　凡軍不素習此五者, 安可以臨敵乎? 兵, 詭道也. 故强名
　　　五行焉, 文之以術數相生相克之義. 其實兵形象水, 因地
　　　制流, 此其旨也.」

【太公書】《太公兵法》을 가리키며 지금은 전하지 않으나 태공의《六韜》가 있음.
張良이 圯上에서 노인에게서 받은 병법서도 역시《태공병법》으로 되어 있음.
【步】 길이 단위. 사람의 한 걸음을 기준으로 한 것이며, 周나라 때는 8척, 秦나라는
6척, 뒤에는 5척, 혹 4척이라 하여 각기 달랐음.
【十二辰】 하루를 열두 시간으로 나누어 각기 子丑寅卯辰巳午未申酉戌亥로 함.
자는 밤 11시~1시. 오는 낮 11시~1시 사이의 시간으로 2시간의 간격으로
계산함.

【開方】사방을 3백 보의 正方形으로 형태를 이룸.

【十二步之方】一百步의 오기로 봄.

【大閱地方千二百步】대진을 각 4백 보의 大方陣으로 하여 그를 井자로 나누어 9개의 小方陣으로 하며, 동서 두 방위의 소방진에 6개의 진을 배열하고 중간 비워 둔 곳에 3개의 소방진을 둠. 이리하여 소방진의 주위는 4백 보가 되며 3개 방진의 총계가 1천 2백 보가 됨.

【營法】병영을 설치하며 관리하는 일체의 법과 규정.

【方圓曲直銳】지형의 변화에 따라 그에 맞게 진형의 형태를 다섯 가지로 구분하여 재조정함을 말함.

【五行陳】동서남북 중앙의 다섯 방위를 金木水火土의 오행에 맞추어 그 임무와 특징을 구분함. 음양가의 학설을 이용한 것이며, 姜太公이 창안한 것이라 함.

【五方色】음양오행설의 五行과 方位, 색깔 등을 배분함을 말함. 木(東方·靑), 火(南方·赤色), 金(西方·白色), 水(北方·黑色), 土(中央·黃色)의 배합관계를 말함.

【兵詭道也】《孫子》計篇에 "兵者, 詭道也. 故能而示之不能, 用而示之不用, 近而視之遠, 遠而示之近. 利而誘之, 亂而取之, 實而備之, 强而避之, 怒而撓之, 卑而驕之, 佚而勞之, 親而離之, 攻其無備, 出其不意. 此兵家之勝, 不可先傳也"라 함.

【術數】고대 음양오행의 상극 상생과 각종 점을 이용하여 길흉을 판단하는 일체의 방법을 말함. 주로 占候, 占星, 卜筮, 星命 등이 이에 해당함.

【相生相克】術數家의 이론으로 相生은 金生水, 水生木, 木生火, 火生土, 土生金이며 相克은 金克木, 木克土, 土克水, 水克火, 火克金을 말함.

【兵形象水】《孫子》虛實篇에 "夫兵形象水, 水之行, 避高而趨下; 兵之形, 避實而擊虛, 水因地而制流, 兵因敵而制勝. 故兵無常勢, 水無常形, 能因敵變化而取勝者, 謂之神"이라 함.

음양과 기정상변奇正相變

태종이 말하였다.

"이적은 빈모牝牡와 방원方圓의 복병법伏兵法을 말하던데 옛날에도 이러한 병법이 있었습니까?"

이정이 말하였다.

"빈모의 병법은 속전俗傳에서 나온 것으로, 사실은 음양陰陽 두 가지의 뜻일 뿐입니다. 제가 범려范蠡의 글을 살펴보았더니 '남보다 늦게 일어섰으면 음을 쓰고, 남보다 먼저 행동을 개시할 때라면 양을 쓴다. 적의 양절陽節이 모두 소진되었다면 나는 음절陰節을 가득 채워 이를 탈취해야 한다'라 하였는데 이것이 병가에서 말하는 음양의 묘입니다. 범려는 또 '오른쪽에 설치하는 병사를 빈牝이라 하고 왼쪽을 강하게 하는 것을 모牡라 한다. 어느 것을 먼저 하고 혹 늦게 하는 것은 천시 자연의 현상에 따른다'라 하였는데, 이는 좌우와 조만早晩이 그에 임하는 시기가 다름을 말한 것으로 기정奇正의 변화에 의해 결정되는 것입니다. 좌우란 사람이 할 수 있는 음양이요, 조만이란 하늘에 의해 결정되는 음양이며, 기정이란 하늘과 사람이 서로 변화에 따르는 음양입니다. 만약 이에 대하여 고집만 부리고 변화를 시키지 않는다면 음양이 모두 함께 폐기되는 것이니 어찌 빈모의 기모奇謀를 지켜낼 수 있겠습니까? 이를 일러 바로 기정상변奇正相變이라 하는 것입니다. 한편 복병이란 그저 산이나 골짜기, 초목을 이용하여 숨어 엎드려 있는 복병에 그치는 것이 아닙니다. 그 정병은 산과 같고, 그 기병은 우레와 같아야 하는 것이니, 적이 비록 맞대 놓고 보고 있다고 해도 우리의 기정의 소재를 측량할 수 없으니, 이러한 경지에 이르면 무슨 형태가 있을 수 있겠습니까?"

太宗曰:「李勣言牝牡·方圓伏兵法, 古有是否?」

靖曰:「牝牡之法, 出於俗傳, 其實陰陽二義而已. 臣按范蠡云:
『後則用陰, 先則用陽. 盡敵陽節, 盈吾陰節而奪之.』此兵
家陰陽之妙也. 范蠡又云:『設右爲牝, 益左爲牡, 早晏
以順天道.』此則左右·早晏臨時不同, 在乎奇正之變
者也. 左右者, 人之陰陽; 早晏者, 天之陰陽; 奇正者,
天人相變之陰陽. 若執而不變, 則陰陽俱廢, 如何守牝
牡奇也? 此謂奇正相變. 兵伏者, 不止山谷草木伏藏所
以爲伏也. 其正如山, 其奇如雷, 敵雖對面, 莫測吾奇正
所在, 至此, 夫何形之有焉?」

【牝牡】 금수의 암컷(牝)과 수컷(牡)을 뜻하는 것으로, 여기서는 병법에서의
음양의 상대성을 상징적으로 말한 것.

【陰陽】 세상 만물을 이원적 상대로 본 것.

【范蠡】 춘추 말기 越나라 勾踐을 섬긴 대부. 자는 少伯. 吳나라를 멸한 뒤
이름을 鴟夷子皮로 바꾸고 산동 陶 땅으로 옮겨 큰 부자가 되기도 하였으며,
그의 병법에 관한 것으로《漢書》藝文志에《范蠡》2편이 저록되어 있으나
지금은 전하지 않음. 그에 관한 기록은《國語》越語와《史記》越王勾踐世家
및 貨殖列傳 등에 널리 실려 있음.

【陽節·陰節】 節은 時期나 程度를 뜻하는 말이라 함.

【節時期】 시기를 조절함. 여기서는 程度라는 뜻으로 볼 수 있음.

【晏】 晚과 같음. 早에 상대되는 의미. 따라서 '早晏'은 '早晚'과 같음.

【天道】 천시 절기와 자연 법칙. 天理.

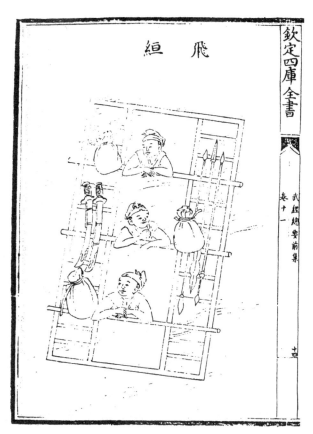

《武經總要》에 실려 있는 고대 각종 전투 장비

031(中-12)
사수四獸의 진법

태종이 말하였다.

"사수四獸의 진법은 음으로는 상商·우羽·치徵·각角을 상징한다고 하는데 무슨 방법입니까?"

이정이 말하였다.

"궤휼詭譎의 도입니다."

태종이 말하였다.

"그럼 폐지해도 되겠습니까?"

이정이 말하였다.

"그래도 그대로 두어야 합니다. 능히 없앨 수 있지만 만약 폐지하고 쓰지 않으면 궤휼은 더욱 심하게 될 것이기 때문입니다."

태종이 말하였다.

"무슨 뜻입니까?"

이정이 말하였다.

"사수의 이름과 천天·지地·풍風·운雲의 이름을 빌리고, 다시 거기에 상금商金·우수羽水·치화徵火·각목角木을 짝지은 것, 이는 모두가 병가 兵家들이 예로부터 내려오는 궤도詭道입니다. 이를 그대로 존속시키면 나머지 궤도가 다시는 더 불어나지는 않지만, 이를 폐기하면 탐욕을 부리는 자들과 어리석은 자들을 부릴 수 있는 술책을 어디로부터 만들어 시행할 수 있겠습니까?"

태종이 한참 지나 말하였다.

"그대는 이를 비밀로 하여 밖으로 누설되지 않도록 하시오."

太宗曰:「四獸之陳, 又以商·羽·徵·角象之, 何道也?」

　靖曰:「詭道也.」

太宗曰:「可廢乎?」

　靖曰:「存之, 所以能廢之也. 若廢而不用, 詭愈甚焉.」

太宗曰:「何謂也?」

　靖曰:「假之以四獸之名及天地風雲之號, 又加商金·羽水·
　　　　徵火·角木之配, 此皆兵家自古詭道. 存之, 則餘詭
　　　　不復增矣; 廢之, 則使貪使愚之術從何而施哉?」

太宗良久曰:「卿宜秘之, 無泄於外.」

【四獸之陳】깃발에 龍·鳥·虎·龜를 그려 상징적인 徽誌로 사용하며 역시 龍
(東方)·鳥(南方)·虎(西方)·龜(北方)를 대표하기도 하며, 흔히 靑龍(동)·
白虎(서)·朱雀(남)·玄武(북)에 대응시키기도 함.

【商羽徵角】고대 五音(宮商角徵羽) 중에 五行과 방위, 그리고 사신도(四神圖)를
배합하여 商(西·白虎·金), 羽(北·龜 혹 玄武·水), 徵(南·朱雀·火), 角(東·
靑龍·木)으로 짝지움.

《武經總要》에 실려 있는 고대 각종 전투 장비

032(中-13)
사랑을 베풀고 나서 형법을 엄히 해야 한다

태종이 말하였다.

"엄격한 형벌과 준엄한 법률은 사람들로 하여금 나는 두려워하되 적은 두려워하지 않게 하고 있으니, 짐은 이에 대하여 심히 의혹스럽게 여기고 있소. 지난날 광무제(光武帝, 劉秀)가 외로운 군대로 왕망王莽의 백만 대군을 상대할 때도 형법을 사용하여 임하지는 않았소. 이는 무슨 이유 때문이었습니까?"

이정이 말하였다.

"병가의 승패는 사정과 상황이 수만 가지로 다를 수 있으니, 한 가지 일로 모든 것을 미루어 알 수 있는 것은 아닙니다. 이를테면 진승陳勝과 오광吳廣이 진秦나라 군사를 패배시켰을 때 어찌 진승과 오광의 형법이 진나라보다 가혹했겠습니까? 광무제가 일어났을 때는 아마도 당시 인심이 왕망을 원망하고 있음을 그대로 따랐기 때문이었을 것입니다. 하물며 왕심王尋과 왕읍王邑은 병법을 전혀 모르면서 한갓 군사가 많음을 자랑하다가 그 때문에 망한 것을 보십시오. 제가 《손자》를 살펴보니 '사졸이 자신에게 가까이 다가오지 않는데도 이를 형벌로만 다스리면 복종하지 아니하고, 이미 가까이해 왔지만 이를 형벌로 다스리지 않으면 이들을 쓸 수 없다'라 하였습니다. 이는 무릇 장수라면 먼저 사졸에게 사랑으로 맺은 연후에야 가히 엄한 형벌을 사용할 수 있음을 말한 것입니다. 만약 사랑이 아직 베풀어지지 않은 상태에서 오직 준엄한 법만을 사용한다면 이들을 다스릴 수 있는 경우란 지극히 드물 것입니다."

태종이 말하였다.

"그렇다면《상서》에 '위엄이 인애를 초과하면 틀림없이 성공하리라. 그러나 인애가 위엄보다 심하면 틀림없이 성공을 거둘 수 없으리라' 하였는데 이는 무슨 뜻입니까?"

이정이 말하였다.

"인애를 먼저 내세우고 위엄을 뒤로 해야 하며, 이를 거꾸로 할 수는 없습니다. 만약 위엄을 먼저 시행하고 인애를 뒤로 하면, 어떤 일을 처리하는 데 아무런 도움이 되지 않습니다. 《상서》에서 말한 것은 그 끝맺음을 삼가기를 경계한 것이지 그 일을 시작할 때 모책이 이러해야 한다는 것은 아닙니다. 그러므로 방금《손자》가 내세운 법은 만대를 두고 바꿀 수 없는 것입니다."

太宗曰：「嚴刑峻法，使人畏我而不畏敵，朕甚惑之．昔光武以孤
　　　軍當王莽百萬之眾，非有刑法臨之，此何由乎？」

　靖曰：「兵家勝敗，情狀萬殊，不可以一事推也．如陳勝・吳廣敗
　　　秦師，豈勝・廣刑法能可於秦乎？光武之起，蓋順人心之
　　　怨莽也；況又王尋・王邑不曉兵法，徒誇兵眾，所以自敗．
　　　臣案《孫子》曰：『卒未親附而罰之，則不服；已親附而罰
　　　不行，則不可用．』此言凡將，先有愛結於士，然後可以
　　　嚴刑也．若愛未加而獨用峻法，鮮克濟焉．」

太宗曰：「《尚書》言：『威克厥愛，允濟；愛克厥威，允罔功．』何謂也？」

　靖曰：「愛設於先，威設於後，不可反是也．若威加於前，愛救
　　　於後，無益於事矣．《尚書》所以慎誡其終，非所以作謀
　　　於始也．故《孫子》之法萬代不刊．」

【光武】東漢을 세운 劉秀 光武帝(B.C.6～A.D.57). 자는 文叔이며 南陽 蔡陽(지금의 湖北 棗陽) 사람으로 西漢의 皇族이었음. 王莽 말년에 천하대란이 일어나자, 형 劉縯과 기병하여 綠林黨에 가입. 뒤에 왕망을 폐하고 한 왕조를 건립함. 建武 원년(25)에 帝를 칭하였으며, 赤眉軍을 진압하여 각지의 할거세력을 평정하고 전국을 통일, 洛陽을 도읍으로 함. 25～57년 재위.

【王莽】西漢 말 新을 세웠던 인물. 자는 巨君(B.C.45～A.D.23). 漢 元帝 皇后의 조카로써 외척의 힘을 입고 成帝 때 新都侯를 지냈으며 元始 5년(A.D.5) 平帝를 독살하고 자칭 假皇帝가 됨. 이듬해 2살의 劉嬰을 太子로 삼아 孺子라 부르며 初始 원년(8) 皇帝를 칭하며 국호를 新으로 고침. 8년부터 23년까지 제위에 올랐으며 그 기간 동안 여러 가지 가혹한 정책을 실행하여 결국 更始 원년(23) 綠林黨과 赤眉軍에 의해 長安에서 피살됨. 《漢書》王莽傳 참조.

【陳勝】진나라 말기 농민봉기군의 수령. 자는 涉(?～B.C.208). 양성(지금의 河南省 登封縣) 사람으로 진시황 때 부역하러 가던 중 이세 원년(B.C.209)에 蘄縣 大澤鄕 (지금의 安徽省 宿縣)에서 수졸 9백 명을 거느리고 반란에 나서 신속한 지지를 받아 정권을 건립하고 국호를 張楚라 함. 그러나 진군에게 패하여 成父(지금의 안휘성 渦陽)에서 패하여 張賈에게 피살됨. 《史記》陳涉世家 참조. "燕雀安知鴻 鵠之志哉"라는 말을 남긴 것으로 유명함.

【吳廣】대택향에서 진승과 함께 진나라에 반기를 들었던 인물. 자는 叔(?～ B.C.208). 뒤에 田臧이 진승의 명령을 가장하여 살해함. 역시 《史記》陳涉世家 참조.

【王尋】왕망 때 大司徒를 지냈으며 章新公에 봉해졌던 인물.

【王邑】왕망 때 大司空을 지냈으며 隆新公에 봉해졌던 인물.

【卒未親附而罰之】《孫子》行軍篇에 "卒未親附而罰之, 則不服, 不服則難用也. 卒已親附而罰不行, 則不可用也. 故令之以文, 齊之以武, 是謂必取"라 함.

【尙書】《書經》의 다른 이름. 六經의 하나이며 13경의 하나. 夏殷周 삼대의 정령과 포고문 등을 모은 것임. 儒家의 경전.

【威克厥愛】《書經》胤征篇의 구절. "嗚呼, 威克厥愛允濟, 愛克厥威允罔功, 其爾 衆士懋戒哉!"라 함. 이는 어떤 일의 결과를 잘 마무리할 것을 경계한 말로 풀이한 것임.

【刊】改易함. 깎아서 없애 지워 버리거나 고침.

《武經總要》에 실려 있는 고대 각종 전투 장비

항복한 자를 사랑으로 용서하라

태종이 말하였다.

"그대는 소선蕭銑을 평정하면서 여러 장수들이 모두 소선과 같은 위선의 신하 재산은 몰수하여 사졸들에게 상 줄 것을 요구하였지만, 그대만은 이를 찬성하지 않았소. 그리고 괴통蒯通 같은 이도 한(漢, 劉邦)나라가 육시를 하지 않았기 때문에 이윽고 강한江漢 일대가 모두 귀순해 왔다고 하였소. 짐은 이로써 옛 사람이 '문文은 능히 무리를 가까이 다가오도록 할 수 있고, 무武는 능히 적을 위협할 수 있다'라는 말을 떠올렸는데 그대가 바로 이런 사람임을 말한 것이겠군요?"

이정이 말하였다.

"광무제가 적미군赤眉軍을 평정할 때 적의 병영에 들어가 천천히 걸어 들어가자, 적의 장수가 이렇게 말하였답니다. '소왕(蕭王, 劉秀, 光武帝) 께서는 그 사랑의 마음을 남의 뱃속에 집어넣어 미루어 생각하시는 분이시다.' 이는 대체로 광무제가 사람의 마음이란 본래 악한 것이 먼저 아님을 헤아린 것이니, 어찌 미리 생각해 두지 않고서 했던 일이었 겠습니까! 제가 소선을 평정하고 얼마 뒤 돌궐을 치러 이민족과 한족의 부대를 총괄하여 천리 먼 길의 원정에 나섰을 때, 양간揚干과 같은 자 있어도 죽이지 아니하였고, 역시 장가莊賈처럼 못된 자가 있어도 죽이지 않고 그저 사랑과 정성, 그리고 지극한 공公으로만 대하였을 뿐입니다. 그런데 폐하께서는 지나치게 저의 칭찬만 듣고 저를 순서를 뛰어넘어 귀한 지위로 발탁하셨으나, 만약 문무文武와 같은 일에 있어서 라면 제가 어찌 감당할 수 있는 일이겠습니까!"

太宗曰:「卿平蕭銑, 諸將皆欲籍僞臣家以賞士卒, 獨卿不從, 以謂
　　　蒯通不戮於漢, 旣而江漢歸順. 朕由是思古人有言曰:
　　　『文能附衆, 武能威敵』, 其卿之謂乎?」
　靖曰:「漢光武平赤眉, 入賊營中案行, 賊曰:『蕭王推赤心於人
　　　腹中.』此蓋先料人情本非爲惡, 豈不豫慮哉! 臣頃討
　　　突厥, 總蕃漢之衆, 出塞千里, 未嘗戮一揚干, 斬一莊賈,
　　　亦推赤誠・存至公而已矣. 陛下過聽, 擢臣以不次之位,
　　　若於文武, 則何敢當!」

【蕭銑】五代 後梁 宣帝의 증손(583~621). 隋末 羅縣令을 지냈으며, 617년 巴陵校尉
董景珍을 부추겨 雷世猛 등과 반란을 일으켜 추대되어 자칭 梁王이라 하였다가,
이듬해 稱帝하여 江陵을 도읍으로 정하고 長江 유역을 점거함. 621년 李靖이
군대를 이끌고 강릉을 압박하자, 패하여 唐에 항복하였으며 長安에서 피살됨.
【籍】몰수하여 관의 적으로 고침.
【蒯通】蒯徹. 한나라 초기 范陽人으로 말솜씨와 지모가 뛰어났던 策士. 그가
韓信에게 齊나라 땅을 취하여 劉邦에게 반기를 들고 자립할 것을 꾀었으나,
한신이 이를 듣지 않았으며 뒤에 한신은 呂后에게 피살됨. 한편 蒯通의 저술은
〈雋永〉81수가 있으며,《漢書》藝文志 縱橫家에《蒯子》5편이 실려 있으나
지금은 전하지 않음.
【赤眉】新莽 말년에 靑州(산동성 남부)와 徐州(강소성 북부) 지역에서 일어났던
반란군. 낭야 사람 樊崇이 天鳳 5년(18) 莒縣에서 일으켰으며, 눈썹을 붉게
표시하여 적미군이라 하였음. 25년에 長安을 공격하여 劉玄의 정권을 무너뜨리고
이듬해 물러났으나, 劉秀(光武帝)가 이를 공격하여 소멸시킴.
【案行】순시. 순찰함.
【蕭王推赤心於人腹中】동한 건국자 劉秀가 칭제하기 전 更始帝 劉玄으로부터
蕭王의 봉을 받았는데, 그가 항복한 적미군 군사들 사이를 천천히 지나자,
항복한 군사의 장군이 "蕭王推赤心於人腹中, 安得不投死乎!"라 했다 함.《後漢書》
光武帝紀 참조.

【揚干】춘추시대 晉나라 悼公의 아우. 悼公 4년(B.C.570) 鷄澤(지금의 河北省 邯鄲市)에서 제후들과 회맹을 할 때, 당시 魏絳이 晉나라 中軍司馬로 군법을 관장하고 있었음. 그 때 양간이 曲梁에서 군대 행렬을 흩어 죄를 범하자, 위강이 그가 도공의 아우임을 어쩌지 못해 대신 그 마부를 참수하였음.《左傳》襄公 3년에 "晉侯之弟揚干亂行於曲梁, 魏絳戮其僕. 晉侯怒, 謂羊舌赤曰「合諸侯, 以爲榮也. 揚干爲戮, 何辱如之? 必殺魏絳, 無失也!」對曰「絳無貳志, 事君不辟難, 有罪不逃刑, 其將來辭, 何辱命焉?」言終, 魏絳至, 授僕人書, 將伏劍. 士魴·張老 止之. 公讀其書, 曰「日君之使, 使臣斯司馬. 臣聞'師衆以順爲武, 軍事有死無犯 爲敬'. 君合諸侯, 臣敢不敬? 君師不武, 執事不敬, 罪莫大焉. 臣懼其死, 以及揚干, 無所逃罪. 不能致訓, 至於用鉞, 臣之罪重, 敢有不從以怒君心? 請歸死於司寇.」 公跣而出, 曰「寡人之言, 親愛也; 吾子之討, 軍禮也. 寡人有弟, 弗能教訓, 使干大命, 寡人之過也. 子無重寡人之過也, 敢以爲請.」晉侯以魏絳爲能以刑佐民矣, 反役, 與之禮食, 使佐新軍. 張老爲中軍司馬, 士富爲候奄"이라 함.

【莊賈】춘추시대 齊 景公의 총신. 매우 교만하여 司馬穰苴가 장군이 되고 그가 監軍이었을 때 약속한 시간을 지키지 아니하자 군법에 따라 처단함.《史記》 司馬穰苴傳에 "景公召穰苴, 與語兵事, 大說之, 以爲將軍, 將兵扞燕晉之師. 穰苴 曰「臣素卑賤, 君擢之閭伍之中, 加之大夫之上, 士卒未附, 百姓不信, 人微權輕, 願得君之寵臣, 國之所尊, 以監軍, 乃可.」於是景公許之, 使莊賈往. 穰苴旣辭, 與莊賈約曰「旦日日中會於軍門.」穰苴先馳至軍, 立表下漏待賈. 賈素驕貴, 以爲將己之軍而己爲監, 不甚急; 親戚左右送之, 留飮. 日中而賈不至. 穰苴則仆 表決漏, 入, 行軍勒兵, 申明約束. 約束旣定, 夕時, 莊賈乃至. 穰苴曰「何後期爲?」 賈謝曰「不佞大夫親戚送之, 故留.」穰苴曰「將受命之日則忘其家, 臨軍約束則 忘其親, 援枹鼓之急則忘其身. 今敵國深侵, 邦內騷動, 士卒暴露於境, 君寢不安席, 食不甘味, 百姓之命皆懸於君, 何謂相送乎!」召軍正問曰「軍法期而後至者云何?」 對曰「當斬.」莊賈懼, 使人馳報景公, 請救. 旣往, 未及反, 於是遂斬莊賈以徇三軍. 三軍之士皆振慄"이라 함.《司馬法》해설 참조.

【過聽】잘못 알아들음. 남의 칭찬만 듣고 높이 여김을 말함.

【不次之位】승진의 순서를 지키지 아니하고 특별히 발탁하여 지위를 높여 줌.

【文武】앞에서의 "문(文)은 능히 무리를 가까이 다가오도록 할 수 있고, 무(武) 는 능히 적을 위협할 수 있다라는 말을 떠올렸는데 그대가 바로 이런 사람임을 말한 것이겠군요?"의 칭찬을 두고 한 말임.

사간死間으로 이용할 수밖에 없는 경우

태종이 말하였다.

"지난날 당검唐儉이 돌궐에 사신으로 가자, 그대가 그 틈을 이용하여 돌궐을 쳐서 패배시켰습니다. 그러자 사람들이 그대가 당검을 사간 死間으로 이용하였다고 말하고 있는데, 짐은 지금까지도 이에 의심을 가지고 있습니다. 어떻습니까?"

이정이 말하였다.

"저와 당검은 임금을 섬기는 일에 서로 어깨를 나란히 할 정도로 같습니다. 당시 제가 헤아리건대 당검의 설득으로는 틀림없이 그 돌궐을 복종시킬 수 없다고 여겨, 그 때문에 제가 이 틈을 이용하여 병사를 풀어 돌궐을 습격하였던 것이며, 이는 대악大惡을 제거하기 위해서는 소의小義는 돌아볼 수 없었기 때문이었습니다. 사람들이 당검을 사간으로 삼았다고 말하고 있으나, 이는 저의 본심이 아니었습니다. 《손자》를 살펴보니 용간用間은 가장 낮은 책략으로 저도 일찍이 그 끝에 논하여

'물은 능히 배를 띄워 주지만 능히 배를 침몰시키기도 한다. 혹 간첩을 이용하여 성공하기도 하지만 혹 간첩을 믿었다가 실패하기도 한다'라는 의견을 붙이기도 하였습니다. 만약 나이가 들어 임금을 섬기기 시작하면서, 조정에서 단정한 얼굴색을 하고 충성으로써 절의를 다하며 믿음으로써 정성을 다한다면, 비록 그가 간첩의 역할을 아주 잘 해낼 수 있다 해도 어찌 그런 훌륭한 자를 간첩으로 쓸 수 있겠습니까? 당검은 소의小義에 해당하는 자이니, 폐하께서는 어찌 의심을 하십니까?"

태종이 말하였다.

"진실로 그렇군요! 인의를 갖춘 자가 아니라면 능히 간첩을 사용할 수 없는 것이군요. 이 어찌 소인이 할 수 있는 일이리오! 주공周公은 대의大義를 위하여 멸친滅親까지 하였는데, 하물며 하나의 사자使者쯤이리오? 이 일은 너무 환하게 밝아 의심할 여지가 없군요!"

太宗曰:「昔唐儉使突厥, 卿因擊而敗之, 人言卿以儉爲死間,
　　　朕至今疑焉, 如何?」

靖再拜曰:「臣與儉比肩事主, 料儉說必不能柔服, 故臣因縱兵
　　　擊之, 所以去大惡不顧小義也. 人謂儉爲死間, 非臣
　　　之心. 案《孫子·用間》最爲下策, 臣嘗著論其末云:
　　　『水能載舟, 亦能覆舟; 或用間以成功, 或憑間以傾敗.』
　　　若束髮事君, 當朝正色, 忠以盡節, 信以竭誠, 雖有善間,
　　　安可用乎? 唐儉小義, 陛下何疑?」

太宗曰:「誠哉! 非仁義不能使間, 此豈纖人所爲乎! 周公大義
　　　滅親, 況一使人乎? 灼無疑矣!」

【唐儉使突厥】唐儉은 당나라 초기의 대신으로 자는 茂約. 幷州 晉陽(太原) 출신
으로 太宗이 천하를 평정할 때 도움을 주어 莒國公에 봉해졌으며 여러 차례
돌궐에 사신으로 갔던 인물.《舊唐書》(58)와《新唐書》(89)에 전이 있음. 貞觀
4년(630) 당검이 鴻臚卿의 신분으로 돌궐에 사신으로 가서 당시 李靖과 李世勣에
게 패하여 분을 감추지 못하던 詰利可汗(힐리칸)을 달래어 항복하도록 함.
이에 李靖이 힐리칸이 무비를 갖추지 않은 틈을 타서 습격하여 항복을 받았으며,
당검은 그 사이 빠져 나와 그 공으로 戶部尙書에 오름.

【死間】'閒'은 '間'과 같음. 死間은 간첩 중에 적에게 거짓 정보를 흘리고 이것이
발각되어 결국 적에게 죽게 짜여진 간첩을 뜻함. 여기서 당검이 돌궐 사신으로
가 있을 때 그 틈을 이용하여 돌궐을 침으로써 당검이 死間이 되도록 하였음을
뜻함.

【柔服】 상대를 안무하여 순종하도록 함을 말함.

【用間】 손자의 편 이름. 간첩을 활용하여 승리를 거두어야 한다는 첩보전에 대한 기록으로 간첩은 因間, 內間, 反間, 死間, 生間 등으로 구분하였음. 그러나 전략상 가장 하급의 비열한 책략으로 여기고 있음.

【水能載舟】《荀子》王制篇에 "傳曰:『君者, 舟也; 庶人者, 水也. 水則載舟, 水則覆舟.』"라 하였고, 哀公篇에는 "君者, 舟也; 庶人者, 水也. 水則載舟, 水則覆舟. 君以此思危, 則危將焉而不至矣?"라 하였음. 그리고《新序》雜事(4)에는 "丘聞之: 君者舟也, 庶人者水也, 水則載舟, 水則覆舟, 君以此思危, 則危將安不至矣?"라 하였으며,《孔子家語》五儀解에는 "夫君者, 舟也; 庶人者, 水也. 水所以載舟, 水所以覆舟. 君以此思危, 則危可知矣!"라 함.

【束髮】 머리를 묶기 시작하는 나이. 청소년기를 말함.

【正色】 표정을 단정하고 엄숙하게 함.

【纖人】 비열한 품격을 가진 소인.

【周公大義滅親】 주나라 武王이 죽은 뒤 成王이 어려 周公이 섭정할 때 주공의 형제 管叔과 蔡叔을 紂王의 아들 武庚을 감시하도록 임무를 맡겼는데, 이들이 도리어 무경을 끼고 반란을 꾀하자, 주공이 東征하여 난을 평정하고 무경과 관숙은 죽이고 채숙은 추방함. 이를 흔히 '대의멸친'이라 함.《史記》周本紀 참조.

주도권을 잡는 방법

태종이 말하였다.

"병법에는 주主를 귀히 여기며 객客은 귀한 것으로 여기지 않고, 빠른 것을 중시하고 오래 끄는 것은 귀하게 여기지 않는다고 하는데 이는 무슨 뜻입니까?"

이정이 말하였다.

"병법에서 부득이 하여 그런 경우를 하게 되는 것입니다. 어찌 객의 위치에 처하면서 오래 끄는 작전을 해서야 되겠습니까? 《손자》에 '군수 용품을 먼 길을 수송해 오면 백성이 가난해진다'라 하였는데 이는 객이 되어 피폐해지는 것을 말한 것입니다. 또 '병역은 두 번 연달아 부과하지 아니하며 군량은 세 번 이상 수송해 오지 않는다'라 하였는데 이는 작전이란 오랫동안 시간을 끌면서 해서는 안 된다는 경험을 말한 것입니다. 제가 주객主客의 형세를 비교해 보았더니 객의 위치를 주의 위치로 변화시키고 주의 위치를 객의 위치로 변화시키는 방법이 있더이다."

태종이 말하였다.

"무엇을 말하는 것입니까?"

이정이 말하였다.

"'적에게서 식량을 구한다'라 하였으니 이것이 객으로써 주의 위치가 되도록 변화시키는 것이며 '자신이 배부르면 적을 배고프게 하며, 자신은 편안히 하고 적은 노고롭게 하라'한 것이 주가 객으로 바뀌도록 하는 것입니다. 그러므로 병법에는 주객主客, 지속遲速에 얽매이지 말고 오직 마음을 열어 어떤 것이 절도에 맞는지를 밝혀 이를 마땅함으로 삼아야 합니다."

태종이 말하였다.

"옛 사람으로 그렇게 한 경우가 있습니까?"

이정이 말하였다.

"옛날 월越나라가 오吳나라를 칠 때 좌우 두 군대에게 북을 울려 진격하도록 하였습니다. 그러자 오나라 군대도 둘로 나뉘어 각각 이들을 막고 있었습니다. 그 때 월나라 가운데 위치한 부대가 몰래 물을 건너 습격하여 오나라 군대를 깨뜨렸습니다. 이것이 바로 객의 위치를 주의 위치로 바꾼 예입니다. 그리고 석륵石勒이 희담姬澹과 전투를 할 때 희담의 군대는 먼 길을 왔는데 석륵은 공장孔萇을 파견하여 선봉대로 삼아 희담의 군대를 맞이하여 치도록 하였습니다. 이 전투에서 공장이 짐짓 물러서자 희담의 군대가 추격하였습니다. 이 때 석륵이 복병을 숨겨 놓았다가 협격夾擊하여 희담의 군대는 대패하고 말았습니다. 이것이 노고로움을 바꾸어 편안한 상태를 만든 예입니다. 옛 사람의 이와 같은 예는 많이 있습니다."

太宗曰：「兵貴爲主, 不貴爲客, 貴速, 不貴久, 何也？」

靖曰：「兵, 不得而已用之, 安在爲客且久哉？《孫子》曰：『遠輸則百姓貧.』此爲客之弊也. 又曰：『役不再籍, 糧不三載.』此不可久之驗也. 臣校量主客之勢, 則有變客爲主・變主爲客之術.」

太宗曰：「何謂也？」

靖曰：「『因糧於敵』, 是變客爲主也；『飽能飢之, 佚能勞之』, 是變主爲客也. 故兵不拘主客・遲速, 唯發心中節, 所以爲宜.」

太宗曰：「古人有諸？」

靖曰：「昔越伐吳, 以左右二軍鳴鼓而進, 吳兵分禦之. 越以中軍潛涉不鼓, 襲敗吳師. 此變客爲主之驗也. 石勒與姬澹戰, 澹兵遠來, 勒遣孔萇爲前鋒逆擊澹軍, 孔萇退而澹來追, 勒以伏兵夾擊之, 澹軍大敗. 此變勞爲佚之驗也. 古人如此者多.」

【主客】군사용어로 주는 주도권을 잡은 쪽을 主軍이라 하며, 이에 상대되는 군대, 즉 적에게 끌려 다니며 형세를 갖추어야 하는 군대를 客軍이라 함.
【遠輸則百姓貧】《孫子》作戰篇에 "國之貧於師者遠輸, 遠輸則百姓貧. 近於師者貴賣, 貴賣則百姓財竭, 財竭則急於丘役. 力屈・財殫, 中原內虛於家. 百姓之費, 十去其七；公家之費：破軍罷馬, 甲胄矢弩, 戟楯蔽櫓, 丘牛大車, 十去其六"이라 함.
【役不再籍】역시 《孫子》作戰篇에 "善用兵者, 役不再籍, 糧不三載；取用於國, 因糧於敵, 故軍食可足也"라 함.

【校量】 較量과 같음. 비교하고 재어 봄.

【因糧於敵】 위의 '役不再籍'을 볼 것.

【飽能飢之】《孫子》 虛實篇에 "能使敵人自至者, 利之也; 能使敵人不得至者, 害之也. 故敵佚能勞之, 飽能飢之, 安能動之者, 出其所必趨也"라 함.

【中節】 법도에 맞음.

【越伐吳】《左傳》 哀公 17년에 실려 있으며, 이 해(B.C.478) 越王 勾踐이 오나라를 치자 吳王 夫差가 笠澤(지금의 江蘇省 吳淞江) 수면에 포진하여 越軍과 대치하고 있었음. 월군은 좌우 偏師를 이용하여 거짓으로 공격하는 척하며 허세를 부려 오군을 분산시켰고, 다른 三軍으로 하여금 몰래 오군 中軍을 습격하여 크게 깨뜨림.

【石勒】 석륵은 五胡十六國 때 後趙의 건국자로 羯族이며 자는 世龍(272~333). 318~333년 재위. 晉 愍帝 建興 4년(316) 석륵이 군대를 이끌고 樂平(지금의 山西省 昔陽縣)을 포위하자, 劉琨이 부장 희담에게 步騎 2만 명을 선봉대로 하여 이를 구원하고자 나섰음. 그 때 석륵은 요새를 근거로 복병을 매복시켜 두고 孔萇에게 輕騎를 주어 희담과 맞서도록 하여 거짓으로 패한 척하고 이들을 유인하자 이에 걸려든 희담이 매복군에게 참패당하고 말았음.

【姬澹】 史書에 '箕澹'으로도 되어 있으며 자는 世稚. 代(지금의 河北省 蔚縣) 사람으로 晉나라 侍中太尉 劉琨의 部將이었음.

【孔萇】 後趙 石勒의 부장.

036(中-17)
철찔레鐵蒺藜와 행마行馬

태종이 말하였다.

"철찔레鐵蒺藜와 행마行馬는 태공太公이 만들었다고 하는데 맞습니까?"

이정이 말하였다.

"그렇습니다. 그러나 이는 적을 막기 위한 것일 뿐입니다. 병법에서는 적이 다가오도록 함을 높이 여기지 그저 적을 막는 것만으로는 안 됩니다. 태공의 《육도六韜》에는 그저 수비하여 방어하는 기구일 뿐이지 공격의 전투에 사용하는 것은 아니라고 말했습니다."

太宗曰:「鐵蒺藜·行馬, 太公所制, 是乎?」

靖曰:「有之, 然拒敵而已. 兵貴致人, 非欲拒之也. 太公《六韜》言守禦之具爾, 非攻戰所施也.」

【鐵蒺藜】‘渠答’, ‘鐵菱角’, ‘冷尖’이라고도 하며 지금의 철조망과 같음. 철로 찔레(蒺藜) 모양을 만들어 방어용으로 사용하는 시설물.

【行馬】 고대 행군할 때의 방어무기. 칼과 화살 등을 수레 위에 설치하여 적군의 車騎가 다가오지 못하도록 하며, 혹 서로 연결하여 적의 步兵을 막는 장치.

【六韜】 姜太公의 병법서. 『武經七書』의 하나. 그 책의 〈虎韜〉軍用篇에 "狹路微徑, 張鐵蒺藜. 芒高四寸, 廣八寸, 長六尺以上, 千二百具, 敗走騎. 突暝來前促戰, 白刃接, 張地羅, 鋪兩鏃蒺藜·參連織女, 芒間相去二寸, 萬二千具; 曠野草中, 方胸鋋矛, 千二百具, 張鋋矛法, 高一尺五寸. 敗步騎, 要窮寇, 遮走北"라 하였으며, 〈犬韜〉 戰步篇에는 "太公曰:「令我士卒爲行馬·木蒺藜, 置牛馬隊伍, 爲四武衝陣. 望敵 車騎將來, 均置蒺藜, 掘地匝後, 廣深五尺, 名曰‘命籠’. 人操行馬, 進步, 欄車以爲壘, 推而前後, 立而爲屯; 材士強弩, 備我左右, 然後令我三軍, 皆疾戰而不解.」"라 하였음.

이위공문대

권하卷下

 하권은 모두 13절(장)로 되어 있다. 구체적인 작전상의 지형 선택, 용병의 분합 등에 대하여 토론을 벌이고 있으며, 특히 공수攻守의 원의를 정확하게 설명하고 있다. 그리고 지피지기知彼知己의 이론을 이 공수의 논리에 맞추어 설명한 부분은 아주 오묘한 뜻이 있음을 강조하여 전혀 새로운 이론이라 할 수 있다. 아울러 장장지도將將 之道에 대한 것과 부전不戰과 필전必戰의 주도권 문제는 병법에서 가장 중요한 일문一門임을 주장함으로써 아주 새롭고 의미 있는 해석이라 볼 수 있다.

유리한 지형인데 물러나다니요

태종이 말하였다.

"태공太公은 '보병으로 적의 전차나 기병을 상대하여 전투를 할 때는 반드시 산이나 험하고 막힌 지형을 의지하여야 한다'라 하였고, 손자孫子는 '사방이 막힌 지형이나 구릉 지대, 혹은 옛날 성이 있던 곳은 군대를 주둔시켜서는 안 된다'라 하였는데 무슨 뜻입니까?"

이정이 말하였다.

"많은 무리를 거느릴 때는 오직 마음이 하나로 전일되어야 하며 그 마음은 한결같이 금기나 의심을 제거하는 데에 두어야 합니다. 만약 주관하는 장수가 의심을 갖거나 금기에 얽매이게 되면, 따르는 무리들이 동요하게 되고 무리가 동요하면 적이 그 틈을 타고 다가오게 됩니다. 진영을 안정시키고, 지형을 근거로 함은 모든 것이 인사人事에 편리하게 하려는 것일 뿐입니다. 만약 산골짜기나 우물가 또는 분지, 빈틈 사이 및 마치 감옥처럼 그물이 둘러쳐진 듯한 지형이라면 사람의 행동이 불편할 수밖에 없습니다. 이 때문에 병가에서는 이를 끌어내어 피하여 적이 우리의 허점을 타고 올 수 없도록 방비하는 것입니다. 그러나 구릉 지대나 옛날 성이 있던 곳으로써 절험한 곳이 아니라 할지라도 우리가 점유하여 유리하다면 어찌 반대로 이를 버리고 물러서는 것이 마땅하겠습니까? 태공이 말한 것은 용병에서 지극히 요체만을 말한 것일 뿐입니다."

태종이 말하였다.

"짐이 생각하건대 흉기凶器 중에 전쟁보다 더 심한 것은 없으나 군사를 다루면서 굳이 인사만 편리하면 된다고 여겨, 피해야 할 금기를 이유로 어떤 결정에 의혹을 갖는 경우가 있어서야 되겠습니까? 지금 이후로 여러 장수들에게 음양과 금기에 얽매어 일의 마땅함을 놓치는 자가 있으면 그대가 의당 자상하고 세심하게 다독거려 경계시켜 주어야 하오."

이정이 재배하며 말하였다.

"제가 《울료자尉繚子》를 살펴보았더니 '황제黃帝는 덕으로써 수비를 삼았고, 형벌로써 토벌을 삼았다'라 하였는데, 이것이 바로 형덕刑德이라는 것으로 천관天官이나 시일時日을 뜻하는 것이 아니었습니다. 그러나 궤도詭道란 남이 이를 쓰게 해야 하며, 내가 쓸 때는 남이 이를 알지 못하도록 하여야 합니다. 그런데도 뒷날의 용렬한 장수는 술수에 얽매어 헤어나지 못하여, 이 까닭으로 흔히 패한 자가 많았으니 경계시키지 않을 수 없습니다. 폐하께서 성스러운 가르침을 내리시니, 신은 즉시 여러 장수들에게 이를 펴서 널리 일러 주겠습니다."

太宗曰:「太公云:『以步兵與車騎戰者, 必依丘墓險阻.』又孫子云:『天隙之地, 兵墓古城, 兵不可處.』如何?」

靖曰:「用眾在乎心一, 心一在乎禁祥法疑. 儻主將有所疑忌, 則群情搖; 群情搖, 則敵乘釁而至矣. 安營據地, 便乎人事而已. 若澗·井·陷·隙地之及如牢如羅之處, 人事不便者也, 故兵家引而避之, 防敵乘我. 丘墓古城, 非絕險處, 我得之為利, 豈宜反去之乎? 太公所說, 兵之至要也.」

太宗曰:「朕思凶器無甚於兵者, 行兵苟便於人事, 豈以避忌為疑? 今後諸將有以陰陽拘忌失於事宜者, 卿當丁寧誡之.」

靖再拜謝曰:「臣按《尉繚子》云:『黃帝以德守之, 以刑伐之.』是謂刑德, 非天官時日之謂也. 然詭道可使由之, 不可使知之. 後世庸將泥於術數, 是以多敗, 不可不誡也. 陛下聖訓, 臣即宣告諸將.」

【步兵·車騎】'步兵'은 '徒兵'이라고도 하며 걸어다니며 전투를 수행하는 병사. 車騎는 戰車와 騎兵으로 전투를 수행하는 병사. 이 구절은 《六韜》 犬韜 戰步에 "太公曰:「步兵與車騎戰者, 必依丘陵險阻, 長兵强弩居前, 短兵弱弩居後, 更發更止. 敵之車騎, 雖眾而至, 吾惟堅陣疾戰, 材士强弩, 以備我後.」"라 함.

【天隙之地】지금의 《손자》에는 이 구절이 없음. 다만 行軍篇의 曹操 주에 "山澗道迫狹, 地形深數尺·長數丈者為天隙"이라 함.

【禁祥去疑】점이나 술수를 거부함.

【乘釁】기회를 잡음. 흔(釁)은 원래 희생을 잡아 그 피를 제기에 바르는 것을 뜻함.

【人事】전투 준비와 人馬의 관리, 보급과 휴양, 위생과 교육 등 진중에서의 일체 활동을 뜻함.

【澗井陷隙之地】《孫子》行軍篇에 "凡地有絶澗·天井·天牢·天羅·天陷·天隙, 必亟去之, 勿近也. 吾遠之, 敵近之; 吾迎之, 敵背之"라 함.

【非絶險處】〈商務印〉本에는 이 구절이 빠져 있음.

【叮嚀】'叮嚀'과 같음. 자상하게 일러 주거나 보살펴 주는 것. 疊韻連綿語.

【尉繚子】고대 병법서. 武經七書의 하나이며 전국시대 尉繚가 지은 것으로 알려짐. 《漢書》藝文志 兵書略과 雜家에 《尉繚子》가 저록되어 있음.

【黃帝以守德之】《尉繚子》天官篇에 실려 있는 말로 덕으로 지키며 무력으로 토벌함을 뜻함. "梁惠王問尉繚子曰:「黃帝《刑德》, 可以百勝, 有之乎?」尉繚子 對曰:「刑以伐之, 德以守之, 非所謂天官·時日·陰陽·向背也. 黃帝者, 人事而已矣! 何者? 今城, 東西攻不能取, 南北攻不能取, 四方豈無順時乘之者邪? 然不能取者, 城高池深·兵器備具·財穀多積·豪士一謀者也. 若城下·池淺·守弱, 則取之矣. 由此觀之, 天官·時日, 不若人事也.」"라 함.

【天官】天文星象. 즉 고대 관직을 성좌에 의해 이름짓고 구분한 것으로, 하늘의 뜻을 상징하였음. 여기서는 하늘의 뜻에 따라 전쟁을 수행함을 뜻함.

【時日】고대 병법에 하늘의 별자리나 별의 움직임에 따라 길흉의 날짜를 점쳤으며, 이를 근거로 병력을 움직이거나 전투 개시 날짜를 정함.

【詭道】적을 속여 승리를 이끄는 詭計之術.《孫子》計篇에 "兵者, 詭道也. 故能 而示之不能, 用而示之不用, 近而視之遠, 遠而示之近"이라 함.

【術數】陰陽五行에 근거하여 예측하고 계산하는 것. 卜筮, 占術, 占星 등 여러 가지를 모두 함께 하여 이른 말. 과학적인 계산보다는 미신 등을 믿고 어떤 일을 결정하거나 길흉을 점치는 것을 뜻함.

038(下-2)
분산分散과 집취集聚

태종이 말하였다.

"병법에는 분산分散과 집취集聚가 있으며 각기 그에 적당히 맞추는 것을 훌륭하게 여기고 있소. 옛날 사건 중에 누가 이러한 예에 뛰어났었습니까?"

이정이 말하였다.

"부견符堅이 백만 군사를 총괄하였지만 비수淝水에서 패하고 말았습니다. 이는 군사를 능히 합칠 줄만 알았지 분산시킬 줄은 몰랐기 때문에 생긴 결과였습니다. 그리고 오한吳漢이 공손술公孫述을 칠 때는 그 부장副將 유상劉尙과 함께 군사를 분산시켜 주둔하여 그 거리가 20리였습니다. 공손술이 오한을 공격해 오자, 오상이 출격하여 함께 이를 들이쳐 크게 깨뜨렸습니다. 이는 군사를 분산하였다가 능히 합하였기 때문에 이룰 수 있는 성과였습니다. 태공은 '분산해야 할 때 분산하지 않으면 군대 전체가 묶이게 되고, 합할 때 합하지 아니하면 고립된 군대가 된다'라 하였습니다."

태종이 말하였다.

"그렇군요. 부견이 처음에는 왕맹王猛을 얻어 병법에 대하여 알아
드디어 중원中原까지 취하였으나, 왕맹이 죽고 나자 부견은 과연 패하고
말았습니다. 이것이 꽁꽁 묶인 군대의 전법이라 말하는 것이겠지요?
그리고 오한이 광무제光武帝에게 임무를 받아, 자신의 군대가 조정
으로부터 통제를 받지 않았기 때문에 오한은 과연 촉蜀을 평정할 수
있었으니, 이를 두고 고립되지 않은 군대라 이를 수 있겠지요? 옛날
있었던 일의 득실을 살펴보면, 만대萬代의 거울이 되기에 족하군요."

太宗曰:「兵有分有聚, 各貴適宜, 前代事蹟, 孰爲善此者?」

靖曰:「苻堅總百萬之衆, 而敗於淝水, 此兵能合不能分之所致也. 吳漢討公孫述, 與副將劉尚分屯, 相去二十里, 述來攻漢, 尚出合擊, 大破之, 此兵分而能合之所致也. 太公云:『分不分, 爲縻軍; 聚不聚, 爲孤旅.』」

太宗曰:「然. 苻堅初得王猛, 實知兵, 遂取中原; 及猛卒, 堅果敗. 此縻軍之謂乎? 吳漢爲光武所任, 兵不搖制, 故漢果平蜀. 此不陷孤旅之謂乎? 得失事蹟, 足爲萬代鑒!」

【苻堅】자는 永固(338~385). 혹은 文玉. 晉나라 때 五胡 중에 제일 강하였던 氐族이 세운 前秦의 군주(357~385 재위). 苻健이 秦을 세우고 아들 苻生에게 물려주자, 부견이 부생을 죽이고 자립함. 이어 차례로 前燕과 前涼, 代 등을 취하여 강해지자 晉나라를 공략하여 淝水에서 謝玄 등과 결전을 벌여 대패함. 이에 鮮卑, 羌 등이 離叛하여 국세가 약해졌으며, 결국 姚萇(羌族)이 그와 태자 苻宏을 살해하고 後秦을 세움.《晉書》(113)에 전이 있음.

【吳漢】자는 子安(?~44). 동한 초기 南陽 宛(지금의 河南省 南陽) 사람으로 新莽 말년에 말 장사를 하다가 劉秀에게 들어가, 偏將軍이 되어 통일 작업을 수행함. 劉秀가 즉위한 뒤 吳漢을 大司馬로 삼고 廣平侯에 봉한 다음 益州(四川)를 점거하고 있던 蜀의 공손술을 토벌함.

【公孫述】자는 子陽(?~36). 부풍 무릉(지금의 陝西 興平) 출신으로 신망 때 촉군태수가 되었다가 반기를 들고 익주를 점거하고 칭제함. 건무 12년(36)에 오한이 거느린 한군에게 패배하여 피살됨.

【劉尙】 오한이 촉의 공손술을 토벌할 때(A.D.35) 자신은 성도에 이르러 강북에
주둔하고, 부장 유상은 강의 남쪽에 주둔하여 20여 리의 거리였는데, 공손술이
둘로 나누어 이를 치자 두 장군은 서로 연락을 할 수가 없었음. 이에 오한이
패하여 포위를 당하자, 영내에 허수아비를 세워놓고 몰래 밤에 빠져 나가 유상과
합세하여 이튿날 강남에서 공손술을 대패시킴.

【縻軍】 '縻'는 '꽁꽁 묶이다'의 뜻. 적에게 견제를 당하여 꼼짝할 수 없는 군대.
전체를 모아 하나로 통제함을 뜻하며, 혹 한 사람의 통제하에 있어 부하 장수가
전혀 작전권을 갖지 못함을 뜻하기도 함.

【孤旅】 군대가 고립되어 우군의 도움을 받지 못함. '旅'는 군대 편제의 단위.

【王猛】 五胡十六國 때 前秦 苻堅의 대신. 자는 景略(325~375). 兵書에 박통하였
으며 부견의 모사가 되어 신임을 받아 司徒, 錄尙書事 등을 거쳐 丞相에 오름.
그는 東晉의 형세를 잘 알고 있어 죽을 때, 부견으로 하여금 동진을 공격하지
말 것을 건의하였으나, 부견은 이를 듣지 않고 공격하였다가 淝水之戰에서 대패함.
《晉書》(114) 前秦載記와 《南史》(24)에 전이 있음.

단 한 번의 실수가 패배를 불러온다

태종이 말하였다.

"짐이 천장만구千章萬句의 모든 글을 다 읽어 보았지만 '많은 계책을 세워 상대로 하여금 착오를 일으키게 하라'라는 이 한 구절을 넘어서는 것이 없더이다."

이정이 한참 생각하다가 말하였다.

"진실로 성스러운 폐하의 말씀과 같습니다. 대체로 용병에서 적이 착오를 일으키지 않으면 아군이 어찌 능히 이겨낼 수 있겠습니까? 비유컨대 바둑을 둘 때 대적하고 있는 두 기수가 세력이 똑같을 때 단 한 수만 실수를 하여도 끝내 구제할 수 없는 것입니다. 이처럼 고금의 승패란 대체로 단 한 수에 달려 있을 뿐인데 하물며 많은 실수를 저지를 경우에야 어떠하겠습니까!"

太宗曰:「朕觀千章萬句, 不出乎『多方以誤之』一句而已.」

靖良久曰:「誠如聖語. 大凡用兵, 若敵人不誤, 則我師安能克哉?
　　　　譬如奕棋, 兩敵均焉, 一著或失, 竟莫能救. 是古今勝敗,
　　　　率由一誤而已, 況多失者乎!」

【千章萬句】 병서의 모든 구절을 뜻함.

【多方以誤之】 적을 교란시키는 일체의 술책. 실제 이 구절은 병서에 단독으로
　거론된 것은 없으며 《孫子》 計篇의 "兵者, 詭道也. 故能而示之不能, 用而示之
　不用, 近而視(示)之遠, 遠而示之近. 利而誘之, 亂而取之, 實而備之, 强而避之,
　怒而撓之, 卑而驕之, 佚而勞之, 親而離之, 攻其無備, 出其不意. 此兵家之勝, 不可
　先傳也"의 뜻을 한 마디로 표현한 것으로 보고 있음.

【著】 바둑에서 바둑을 둠. 혹 어떤 일에 실패함을 뜻함.

【率】 '대체로, 대략'의 뜻.

040(下-4)
수비와 공격은 똑같이 중요하다

태종이 말하였다.

"공격과 수비는 두 가지 일이지만 실제로는 하나의 법입니까?《손자》에 '공격에 뛰어난 자는 적이 자신의 수비를 알아채지 못하도록 하고, 수비에 뛰어난 자는 적으로 하여금 자신이 어떻게 공격하는 지를 알아내지 못하도록 한다'라 하면서도 적이 공격해 올 때 나 역시 공격하고, 내가 수비할 때라면 적도 역시 수비하는 문제에 대하여는 말하고 있지 않습니다. 이처럼 공격과 수비가 피아 양쪽 모두 이루어질 때 그 방법은 어떠해야 합니까?"

이정이 말하였다.

"옛날 이처럼 공격과 수비가 서로 똑같이 진행된 예는 매우 많습니다. 그 때는 누구나 '수비할 때는 내가 부족하기 때문에 하는 것이며, 공격은 내가 적보다 여유가 있을 때 하는 것'이라 하였습니다. 여기서 '부족하다'는 것은 약하다는 말이며 '여유가 있다'는 것은 강하다는 뜻으로 여기고 있으나, 이는 아마 공격과 수비의 방법을 알지 못하고 한 말인가 합니다. 제가 《손자》를 살펴보았더니 '승리를 이끌어 낼 수 없는 것은 수비이며, 이길 수 있는 것은 결국 공격을 통해서만 이루어진다'라 하였습니다. 이는 대적하여 이길 수 없을 때라면 우리는 스스로 수비할 수밖에 없으며, 적을 기다려 이길 수 있다면 공격해야 합니다. 그러니 이를 강약의 뜻으로 여겨서는 안 됩니다. 뒷사람들이 그 뜻을 제대로 알지 못한 것이라면 마땅히 공격해야 할 때 수비하고, 수비해야 할 때 공격하는 것이 되어 두 가지 일이 전혀 다른 것이 되고 맙니다. 그러므로 그 두 가지가 하나의 법일 수는 없습니다."

태종이 말하였다.

"미덥습니다! '여유가 있다'는 것과 '부족하다'는 것이 뒷사람들로 하여금 '강약'의 의미로 오해하게 만드는 바람에 결국 수비의 방법이란 적에게 나의 부족함을 보여 주는 것에 그 요체가 있으며, 공격의 방법이란 적에게 나의 여유 있음을 보여 주는 것에 그 요체가 있음을 알 수 없도록 하였네요. 적에게 나의 부족함을 보여 준다면 적은 틀림없이 공격해 올 것이니 이것이 적이 그 공격할 바를 모르고 덤벼들게 하는 것이요, 적에게 나의 여유 있음을 보여 준다면 적은 틀림없이 스스로 수비에만 힘쓰고 있을 터이니 이것이 바로 적이 지켜야 할 바가 무엇인지 모르는 채 지키도록 하는 것이로군요. 공격과 수비의 방법은 하나이지만 적과 나는 이를 두 가지 일로 나눈단 말이네요. 만약 내가 그 일의 주도권을 잡으면 적의 작전은 실패하는 것이요, 적이 그 일의 주도권을 잡으면 나의 작전이 실패하는 것이지요. 득실과 성패는 적과 나 사이에 그 작전을 분리해야 하는 것이에요. 공격과 수비는 하나의 방법일 뿐이니 그 하나를 터득하면 백전백승할 수 있지요. 그 때문에 '상대를 알고 나를 알면 백 번 싸워도 백 번 위태로움이 없다'라 하였으니 그 하나를 안다는 것을 두고 한 말이겠지요?"

이정이 재배하며 말하였다.

"심오합니다. 성인의 법이십니다! 공격은 수비의 기틀이요 수비는 공격의 책략이니 함께 승리로 가기 위한 것일 뿐입니다. 만약 공격을 하면서 수비를 모르고 수비를 하면서 공격을 모른 채, 이를 두 가지 일로 여길 뿐 아니라 게다가 두 가지가 전혀 다른 기능이라 여긴다면 비록 입으로 손자孫子와 오자吳子를 외우고 있다 한들 마음으로 그 오묘함을 터득하지 못하고 있는 것이니, 공수의 두 가지가 균등한 이치라는 설을 누가 능히 그것이 그럴 수밖에 없음을 알아내겠습니까?"

太宗曰：「攻守二事, 其實一法歟?《孫子》言:『善攻者, 敵不其
知其所守; 善守者, 敵不其知其所攻.』卽不言敵來
攻我, 我亦攻之; 我若自守, 敵亦守之. 攻守兩齊, 其術
奈何?」

靖曰：「前代似此相攻相守者多矣. 皆曰:『守則不足, 攻則
有餘.』, 便謂不足爲弱, 有餘爲强, 蓋不悟攻守之法也.
臣案《孫子》云:『不可勝者, 守也; 可勝者, 攻也.』謂敵
未可勝, 則我且自守, 待敵可勝, 則攻之爾, 非以强弱
爲辭也. 後人不曉其義, 則當攻而守, 當守而攻, 二役
旣殊, 故不能一其法.」

太宗曰：「信乎! 有餘・不足, 使後人惑其强弱, 殊不知守之法,
要在示敵以不足, 攻之法, 要在示敵以有餘也. 示敵
以不足, 則敵必來攻, 此是敵不知其所攻者也; 示敵
以有餘, 則敵必自守, 此是敵不知其所守者也. 攻守
一法, 敵與我分爲二事. 若我事得, 則敵事敗; 敵事得,
則我事敗. 得失成敗, 彼我之事分焉. 攻守者, 一而
已矣, 得一者百戰百勝. 故曰:『知彼知已, 百戰不殆』,
其知一之謂乎?」

靖再拜曰：「深乎, 聖人之法也! 攻是守之機, 守是攻之策, 同歸乎
勝而已矣. 若攻不知守, 守不知攻, 不唯二其事, 抑又
二其官, 雖口誦孫吳而心不思妙, 攻守二齊之說, 其孰
能知其然哉?」

【善攻者】《孫子》虛實篇에 "故善攻者, 敵不知其所守; 善守者, 敵不知其所攻. 微乎微乎! 至於無形; 神乎神乎! 至於無聲. 故能爲敵之司命"이라 함.

【攻守兩齊】공격과 수비를 동등하게 봄. 두 가지 상황을 함께 중요시함.

【守則不足】《孫子》形篇에 "不可勝者, 守也; 可勝者, 攻也. 守則不足, 攻則有餘. 善守者, 藏於九地之下; 善攻者, 動於九天之上. 故能自保而全勝也"라 함.

【不可勝者】앞의 주를 볼 것.

【殊不】"조금도 ~하지 아니하다"의 구문.

【知彼知己】《孫子》謀攻篇에 "知彼知己, 百戰不殆; 不知彼而知己, 一勝一負; 不知彼不知己, 每戰必殆"라 함.

【機】機變, 臨機應變의 뜻.

【不唯~抑~】"~을 하지 못할 뿐만 아니라 게다가 ~까지도"의 뜻을 표현하는 구문이다.

【官】功能. 機能.

【齊】같음. 균등함. 경중이나 상하의 차이가 없음. 공격과 수비는 똑같이 중요하며 경중의 차이가 없음을 뜻함.

지피지기知彼知己의 의미 분석

태종이 말하였다.

"《사마법》에 '나라가 강대하다 해도 전쟁을 좋아하면 틀림없이 망하고, 천하가 평안하다 해도 전쟁을 잊고 있으면 틀림없이 위험해진다'라 하였소. 이 역시 공격과 수비가 하나의 도라는 것입니까?"

이정이 말하였다.

"국가國家를 가진 자가 어찌 한 때도 공격과 수비를 중시하지 않은 적이 있겠습니까? 무릇 공격이란 그 성이나 그 진을 공격하는 것에 그치는 것이 아니며, 반드시 그 마음을 공략하는 방법을 가지고 있어야 하는 것입니다. 마찬가지로 수비를 하는 것이란 그 성벽을 완전히 하고 그 진영을 견고히 하는 것에 그치는 것이 아니라, 반드시 자신들의 사기를 지켜내어 기다리는 것이어야 합니다. 크게 말하면 이는 임금된 자의 도리이며 작게 말하면 장수가 된 자의 법입니다. 무릇 그 마음을 공략하는 것이란 소위 '상대를 안다'知彼라는 것이며, 나의 사기를 지켜낸다라는 것은 소위 말하는 '자신을 안다'知己라는 것입니다."

태종이 말하였다.

"진실하도다! 짐이 항상 진지에 임하여 먼저 적의 마음과 나의 마음이 어느 쪽이 진실한가를 헤아려 본 연후에야 적을 알아낼 수 있었고, 적의 사기와 우리의 사기 중에 어느 쪽이 더 잘 갖추어져 있는가를 살펴본 연후에야 내가 우리의 사기를 알아낼 수 있었소. 이 까닭으로 지피지기知彼知己란 병가兵家의 대요大要로군요. 지금 장군과 신하가 비록 상대는 알지 못한다 할지라도 단지 자신만이라도 알고 있다면 어찌 승리를 놓치는 일이 있을 수 있겠습니까?"

이정이 말하였다.

"손무孫武가 소위 말한 '먼저 적이 승리할 수 없는 조건을 만들라'라 한 것은 자신을 아는 것知己이며, '적을 이길 수 있는 기회를 기다려라'라 한 것은 적을 아는 것知彼입니다. 그리고 '이길 수 없는 조건은 자신에게 있으며, 이길 수 있는 조건은 적에게 있다'라 하였으니 저는 잠시라도 감히 이 경계의 말을 놓칠 수 없습니다."

太宗曰:「《司馬法》言:『國雖大, 好戰必亡; 天下雖平, 亡戰必危.』
此亦攻守一道乎?」

靖曰:「有國有家者, 曷嘗不講乎攻守也? 未攻者, 不止攻其
城擊其陳而已, 必有攻其心之術焉; 守者, 不止完其壁堅
其陳而已, 必也守吾氣而有待焉. 大而言之, 爲君之道;
小而言之, 爲將之法. 夫攻其心者, 所謂知彼者也; 守吾
氣者, 所謂知己者也.」

太宗曰:「誠哉! 朕常臨陳, 先料敵之心與己之心孰審, 然後彼可
得而知焉; 察敵之氣與己之氣孰治, 然後我可得而知焉.
是以知彼知己, 兵家大要. 今之將臣, 雖未知彼, 苟能知己,
則安有失利者哉!」

靖曰:「孫武所謂『先爲不可勝』者, 知己者也;『以待敵之可勝』者,
知彼者也. 又曰:『不可勝在己, 可勝在敵.』臣斯須不敢
失此誠.」

【國雖大】《司馬法》人本篇에 "故國雖大, 好戰必亡; 天下雖安, 忘戰必危. 天下
旣平, 天下大愷, 春蒐秋獮; 諸侯春振旅, 秋治兵, 所以不忘戰也"라 하여 가장
널리 알려진 구절임.
【有國有家】옛날 천자는 자신의 영토를 國이라 하였고, 대부와 제후는 자신의
봉지를 家라 하였음.
【以待敵之可勝】《孫子》形篇에 "孫子曰: 昔之善戰者, 先爲不可勝, 以待敵之可勝.
不可勝在己, 可勝在敵"이라 함.
【不可勝在己】앞의 주를 볼 것.
【斯須】須臾와 같음. 아주 짧은 시간. 雙聲連綿語.

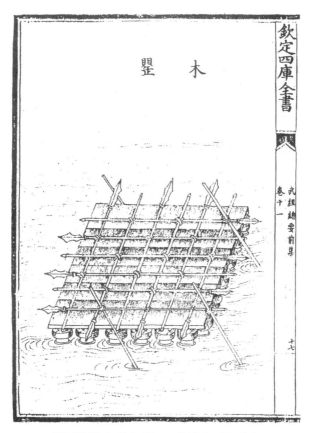

《武經總要》에 실려 있는 고대 각종 전투 장비

사기四機와 기기氣機

태종이 말하였다.

"《손자》에 삼군三軍을 빼앗을 수 있는 법을 말하면서 '아침 기氣는 날카롭고, 낮이 되면 게을러지며, 저녁이면 돌아가고 싶은 생각을 갖게 된다. 용병에 뛰어난 자는 그 날카로운 기는 피하고 그 태만하고 돌아가고 싶은 생각일 때 치는 것'이라 하였는데 무슨 뜻입니까?"

이정이 말하였다.

"무릇 생명을 머금고 피를 받은 모든 인간이란, 북을 울리면 전투를 벌이면서 비록 죽음을 당해도 반성하지 않는 것은 기氣가 그렇게 시키는 것입니다. 그러므로 용병의 방법이란 반드시 먼저 우리 군사를 살피고, 우리 군사의 승리를 위한 사기를 격동시켜야 적과 격돌할 수 있는 것입니다. 오기의 사기四機란 기기氣機를 최상으로 여기는 것이며, 다른 법이 있는 것은 아닙니다. 능히 사람들로 하여금 스스로 싸우게 하면 그 날카로움은 누구도 당해 낼 수가 없습니다. 소위 아침 기운이 날카롭다(朝氣銳)라 함은 그 시각時刻에 한정하여 한 말이 아니며, 하루의 시작과 끝을 비유하여 한 말입니다. 무릇 세 번 북을 울려 적과 맞닥뜨렸는데도 아군의 사기가 조금도 쇠하거나 다함이 없다면 어찌 그들로 하여금 나태해지거나 집으로 돌아가고 싶은 생각이 떠오르도록 하겠습니까? 대체로 학자들은 한갓 그 겉으로 드러난 공문空文만 외워 적에게 유인을 당하는 것이라 여겼던 것입니다. 진실로 이것이 탈취하는 원리라는 것을 깨닫는 자가 있다면 병력은 가히 그런 자에게 맡겨도 됩니다."

太宗曰:「《孫子》言三軍可奪其之法:『朝氣銳, 晝氣惰, 暮其歸.
善用兵者, 避其銳氣, 擊其惰歸.』如何?」

靖曰:「夫含生稟血, 故作鬪爭, 雖死不省者, 氣使然也. 故用兵
之法, 必先察吾士衆, 激吾勝氣, 乃可以激敵焉. 吳起四機,
以氣機爲上, 無他道也, 能使人人自鬪, 則其銳莫當. 所謂
朝氣銳者, 非限時刻而言也, 擧一日始末爲喻也. 凡三鼓
而敵不衰不竭, 則安能必使之惰歸哉? 蓋學者徒誦空文,
而爲敵所誘. 苟悟奪之之理, 則兵可任矣.」

【朝氣銳】《孫子》軍爭篇에 "故三軍可奪氣, 將軍可奪心. 是故朝氣銳, 晝氣惰,
暮氣歸. 故善用兵者, 避其銳氣, 擊其惰歸, 此治氣者也"라 함.

【含生】 목숨을 가지고 있는 것. 사람을 뜻함.

【稟血】 혈기를 받아 지니고 있는 것. 역시 사람을 뜻함.

【吳起四機】《吳子》論將篇에 "吳子曰:「凡兵有四機: 一曰氣機, 二曰地機, 三曰
事機, 四曰力機. 三軍之衆, 百萬之師, 張設輕重. 在於一人, 是謂氣機. 路狹道險,
名山大塞, 十夫所守, 千夫不過, 是謂地機. 善行間諜, 輕兵往來, 分散其衆, 使其君
臣相怨, 上下相咎, 是謂事機. 車堅管轄, 舟利櫓楫, 士習戰陳, 馬閑馳逐, 是謂力機.
知此四者, 乃可爲將. 然其威・德・仁・勇, 必足以率下安衆, 怖敵決疑. 施令而下
不犯, 所在寇不敢敵. 得之國强, 去之國亡. 是謂良將.」"이라 함

【三鼓】 B.C.684년 齊나라와 魯나라가 長勺(지금의 山東 曲阜 근처)에서 싸울 때, 장공이 북을 치며 공격할 것을 명하자, 曹劌가 제나라에서 세 번 울린 다음 공격할 것을 주장하여 제군을 대패시킴. 그리고 "첫 번째 북은 사기를 올리는 것이며, 두 번째는 사기가 쇠하고, 세 번째는 사기가 다하는 것"이라 설명함.《左傳》莊公 10년에 "十年春, 齊師伐我. 公將戰. 曹劌請見. 其鄕人曰: 「肉食者謀之, 又何間焉?」劌曰: 「肉食者鄙, 未能遠謀.」乃入見, 問何以戰. 公曰: 「衣食所安, 弗敢專也, 必以分人.」對曰: 「小惠未徧, 民弗從也.」公曰: 「犧牲·玉帛, 弗敢加也. 必以信.」對曰: 「小信未孚, 神弗福也.」公曰: 「小大之獄, 雖不能察, 必以情.」對曰: 「忠之屬也, 可以一戰. 戰, 則請從」公與之乘. 戰于長勺. 公將鼓之. 劌曰: 「未可.」齊人三鼓. 劌曰: 「可矣!」齊師敗績. 公將馳之. 劌曰: 「未可.」下, 視其轍, 登軾而望之, 曰: 「可矣!」遂逐齊師. 旣克, 公問其故. 對曰: 「夫戰, 勇氣也. 一鼓作氣, 再而衰, 三而竭. 彼竭我盈, 故克之. 夫大國, 難測也, 懼有伏焉. 吾視其 轍亂, 望其旗靡, 故逐之.」라 함.

내쫓았다가 다시 등용하시오

태종이 말하였다.

"그대는 일찍이 이적李勣은 병법을 아는 자라 말하였는데, 그를 길이 임용할 수 있겠습니까? 그러나 짐이 그를 통제하고 다스리지 않는다면 그를 임용할 수 없는 것입니까? 뒷날 태자 치(李治)가 등극한 뒤라면 어떻게 통제하면 됩니까?"

이정이 말하였다.

"폐하를 위하여 계책을 세워드리건대 이적을 출척黜陟하여 내쫓아 버리느니만 못합니다. 그리고 나서 태자로 하여금 다시 그를 임용하여 쓰도록 하면 그는 틀림없이 태자의 은혜에 감복하여 그를 위하여 보답할 것입니다. 이렇게 되면 이치로 보아 손해날 것이 어디 있겠습니까?"

태종이 말하였다.

"좋습니다! 짐은 의심을 갖지 않겠습니다."

태종이 말하였다.

"이적이 만약 장손무기長孫無忌와 함께 국정을 관장한다면 뒷날 어떻게 되겠습니까?"

이정이 말하였다.

"이적은 충성심과 의리가 있는 신하이니, 가히 그 직책을 계속하여도 될 것입니다. 그리고 장손무기는 임금의 명령을 도와 큰 공을 세운 자이니, 폐하께서 그를 가슴속의 폐부肺腑처럼 여겨 그에게 재상의 보임을 맡겨도 됩니다. 그러나 겉으로는 다른 선비들에게 자신을 낮추어 공손하게 하면서도 안으로는 어진 이를 질시하는 자입니다. 그 때문에 울지경덕尉遲敬德은 면전에서 그의 단점을 공격하고는 그만 물러서 은퇴해 버렸고, 후군집侯君集은 그를 옛 친구를 잊고 사는 자라 원망하면서 역모를 꾸미고 말았습니다. 이는 모두 장손무기가 그렇게 되도록 유도한 것입니다. 폐하께서 저에게 이 일을 물으시니 저는 그 내용을 감히 숨기거나 피할 수 없습니다."

태종이 말하였다.

"누설하지 마시오. 짐이 천천히 생각해 보고 이를 처리하겠소."

太宗曰:「卿嘗言李勣能兵法, 久可用否? 然非朕控御, 則不可用也. 他日太子治若何卿之?」

　靖曰:「爲陛下計, 莫若黜勣, 令太子復用之, 則必感恩圖報, 於理何損乎?」

太宗曰:「善! 朕無疑矣.」

太宗曰:「李勣若與長孫無忌共掌國政, 他日如何?」

　靖曰:「勣忠義臣, 可保任也. 無忌佐命大功, 陛下以肺腑之親委之輔相, 然外貌下士, 內實嫉賢. 故尉遲敬德面折其短, 遂引退焉; 侯君集恨其忘舊, 因以犯逆: 皆無忌致其然也. 陛下詢及臣, 臣不敢避其說.」

太宗曰:「勿洩也, 朕徐思其處置.」

【太子治】李治. 당 태종의 아홉 번째 아들이며 唐의 제 3대 황제인 高宗. 자는 爲善. 처음 晉王에 봉해졌다가 643년에 태자가 되어 貞觀 23년(649) 태종이 죽고 즉위하여 高宗皇帝가 됨. 650~683년 재위.

【長孫無忌】자는 輔機(?~659). 洛陽 사람으로 太宗 長孫皇后의 오빠. 법률에 밝아 房玄齡과 함께 唐律을 제정하였으며《唐律疏義》30권을 저술함. 李世民을 도와 玄武門의 정변을 일으켜 제위에 오르도록 하여 그 공으로 尙書右僕射, 司空, 司徒 등을 역임하였으며 趙國公에 봉해짐. 高宗을 보위하도록 遺命을 받았으나, 뒤에 고종이 則天武后를 后로 승격하는 것을 반대하였다가 고종에게 축출되어 목을 매어 죽음.《舊唐書》(65)와《新唐書》(105)에 전이 있음.

【保任】보호할 책임. 唐律에 의하면 그 사람이 죄지었을 때 2등급의 강등 처벌을 받도록 되어 있음.

【佐命】보좌의 명을 받은 신하.

【下士】선비들이나 병사에게 자신을 낮추어 겸손하게 행동함.

【尉遲敬德】울지공(尉遲恭). 자는 敬德(585~658). 隋末 劉武周를 따라 장수가 되었다가 唐에 항복하여 당의 大將이 됨. 현무문 정변 때 이세민을 도왔으며 涇州道行軍總管, 襄州都督 등을 역임함. 만년에 方術을 믿어 두문불출하였음. 《舊唐書》(68)와《新唐書》(89)에 전이 있음.

【面折】마주 세워놓고 책임을 물음. 질책함.

【引退】스스로 사직을 자청함.

【侯君集】당나라 초기의 대장(?~643). 豳州 三水(지금의 陝西 旬邑) 사람으로 이세민을 따라 정벌에 나서 공을 세웠으며, 이세민이 즉위한 뒤 右軍大將軍, 兵部尙書 등을 역임함. 貞觀 17년(643) 廢太子 承乾과 모반을 꿈꾸다가 피살됨. 《舊唐書》(69)와《新唐書》(94)에 전이 있음.

044(下-8)
장수를 잘 다스리는 군주

태종이 말하였다.

"한漢 고조(高祖, 劉邦)는 장수를 거느리는 데 능하였으니 뒤에 한신韓信과 팽월彭越은 죽음을 당하였고, 소하蕭何는 옥에 갇히고 말았습니다. 무슨 이유로 이와 같은 일이 벌어졌습니까?"

이정이 말하였다.

"제가 보건대 유방과 항우項羽는 모두가 장수를 잘 거느리는 군주는 아니었습니다. 진秦나라가 망할 때 장량張良은 본래 자신의 고국 한韓나라 원수를 갚기 위하여 나섰고, 진평陳平과 한신은 모두가 초(楚, 項羽)나라에 등용되지 못하자 원망을 하고 있었습니다. 그러므로 한(漢, 劉邦)나라 세력을 빌려 스스로 분투하였을 뿐입니다. 소하나 조삼曹參·번쾌樊噲·관영灌嬰 같은 이들이라면 비록 모두가 망명하여 온 자들이지만, 고조 유방은 이들을 바탕으로 천하를 얻은 것입니다. 만약 육국六國의 후예를 다시 세워 주어 사람마다 각기 자신의 옛 고국을 그리워하게 되었다면 아무리 장수를 잘 거느리는 재능이 있다 해도 어찌 한나라를 위하여 쓸 수가 있었겠습니까? 제 생각으로는 한나라가 천하를 얻은 것은 장량의 차저지모借箸之謀와 소하의 조만지공漕輓之功에서 비롯되었다고 봅니다. 이로써 말할 수 있는 것은 한신과 팽월이 죽음을 당하고 범증范增이 등용되지 못한 것은 그 일과 똑같습니다. 저는 그 때문에 유방과 항우는 장수를 잘 거느리는 군주가 아니라고 말한 것입니다."

태종이 말하였다.

"광무제(光武帝, 劉秀)가 중흥中興하여 동한을 세우고는 능히 공을 세운 신하들을 온전히 보호하되 그들에게 정권을 맡기지는 않았습니다. 이런 것이라면 장수를 잘 거느린다고 할 수 있습니까?"

이정이 말하였다.

"광무제는 비록 앞서의 구조를 근거로 쉽게 성공을 거두었지만, 그러나 왕망王莽의 세력은 항우보다 낮았던 것은 아니었으며, 구순寇恂이나 등우鄧禹는 소하나 장량을 뛰어넘지는 못하였습니다. 그런데도 광무제는 홀로 백성을 사랑하는 마음을 미루어 부드러운 통치로써 공을 세운 신하를 보호하였으니, 이는 고조 유방보다 훨씬 뛰어났던 것입니다! 이로써 장수를 거느리는 도리에 대하여 논하건대 저는 광무제가 더 훌륭했다고 말할 수 있습니다."

太宗曰：「漢高祖能將將，其後韓‧彭見誅，蕭何下獄，何故如此？」

靖曰：「臣觀劉‧項皆非將將之君．當秦之亡也，張良本爲韓報仇，陳平‧韓信皆怨楚不用，故假漢之勢自爲奮爾．至於蕭‧曹‧樊‧灌，悉由亡命，高祖因之以得天下．設使六國之後復立，人人各懷其舊，則雖有能將將之才，豈爲漢用哉？臣謂漢得天下，由張良借箸之謀，蕭何漕輓之功也．以此言之，韓‧彭見誅，范增不用，其事同也．臣故謂劉‧項皆非將將之君．」

太宗曰：「光武中興，能保全功臣，不任以吏事，此則善於將將乎？」

靖曰：「光武雖籍前構，易於成功，然莽勢不下於項籍，寇‧鄧未越於蕭‧張，獨能推赤心‧用柔治保全功臣，賢於高祖遠矣！以此論將將之道，臣謂光武得之．」

【韓信】漢나라 초기의 장수이며 병략가(?~B.C.196). 淮陰 사람으로 처음 項羽를 따랐으나, 중용되지 못하자 劉邦에게 돌아와 大將軍에 오름. 초한전을 승리하여 楚王에 봉해졌으나 뒤에 淮陰侯로 강등되었으며, 뒤에 모반을 꾀한다는 무고에 의해 呂后에게 살해됨.《兵法》3편이 있었다 하나 지금은 전하지 않음.《史記》淮陰侯列傳 참조.《漢書》(34)에 전이 있음.

【彭越】자는 仲(?~B.C.196). 한나라 초기의 諸侯王. 秦나라 말기 봉기하여 초한전 때 3만여 명을 이끌고 劉邦에게 들어와 梁(지금의 하남성 동북부)을 평정하여 項羽의 식량보급로를 끊음. 그리고 垓下에 합류하여 항우를 멸하고 梁王에 봉해졌음. 그러나 뒤에 모반을 꿈꾼다는 죄목으로 유방에게 잡혀 서인으로 강등되었다가 피살됨.《史記》(90)와《漢書》(34)에 전이 있음.

【蕭何】한나라 초기의 대신(?~B.C.193). 유방과 같은 고향으로 沛縣의 관리였다가 유방의 봉기에 가담하여 유방을 따라 함양에 들어가 진나라 律令과 圖書 등을 거두어 전국의 산천 지세와 호구 등을 파악한 위 丞相이 되어 關中을 지키며 유방의 재정을 담당함. 한나라 건립에 큰 공을 세웠으며 相國이 되어 법령과 제도를 완비하였고, 韓信 등 異姓 제후왕을 없애는 데 일조를 가함. 고조 12년에 上林園을 개간하여 농토로 바꾸어야 한다고 주장하다가 고조의 미움을 받아 하옥됨.《史記》蕭相國世家 및《漢書》(39) 참조.

【項籍】項羽(B.C.232~202). 자는 羽. 下相(지금의 강소성 宿遷) 출신으로 楚나라 귀족이었음. 秦 二世 원년(B.C.209), 숙부 項梁을 따라 吳(蘇州)에서 기병하였으며, 숙부가 전사하자 鉅鹿에서 秦軍의 주력부대와 일전을 벌여 승리한 뒤 이름을 떨치기 시작함. 진나라가 망하자, 자칭 西楚霸王이라 하며 자립하여 여러 기병 세력의 수장들을 봉하면서 유방을 漢中王에 봉함. 그 뒤 유방과 5년 간의 초한전을 치르며 결국 垓下(지금의 安徽省 靈壁縣)에서 패하여 烏江에서 자결함.《史記》項羽本紀 참조.

【張良】 韓나라 귀족 출신으로 진시황에게 복수를 꾀하여 博浪沙(지금의 河南省 原陽縣)에서 진시황 무리를 저격하였으나 뜻을 이루지 못하자, 下邳에 숨어지내다가 유방에게 들어감. 그러나 다시 項梁에게 유세하여 한나라를 세워 줄 것을 요구하여 스스로 韓王司徒를 맡음. 뒤에 한왕이 항우에게 피살되자, 다시 유방에게 돌아와 그를 위해 모책을 짜며 한나라 건국에 큰 공을 세워 留侯에 봉해짐. 《史記》 留侯世家 참조. 《漢書》(40)에 전이 있음.

【陳平】 한나라 초기의 정치가(?~B.C.178). 陳勝이 기병할 때 魏王 咎에게 의탁하여 太僕이 되었다가 항우를 따라 관중으로 들어와 都尉 벼슬에 오름. 그러나 항우에게 신임을 얻지 못하자 유방에게 들어와 護軍中尉가 되어 反間計로 항우와 范增의 사이를 이간시키며 아울러 韓信을 벼슬로 유혹할 것을 건의하여 공을 세움. 한나라 건국 후 曲逆侯에 봉해짐. 뒤에 惠帝와 呂后 때 승상이 되었으나 여씨의 전횡에 반대하였으며, 여후가 죽은 뒤 周勃과 함께 呂産, 呂祿 등을 모살하고 文帝를 세워 승상에 오름. 《史記》 陳丞相世家 참조. 《漢書》(40)에 전이 있음.

【曹參】 한나라 초기의 대신(?~B.C.190). 유방과 같은 沛縣 출신으로 패현의 獄吏였으며, 진말 천하대란에 유방을 따라나서 공을 세움. 한나라 건국 뒤 平陽侯에 봉해졌으며 齊나라 재상이 되었다가 소하를 이어 혜제 때 승상이 됨. 소하의 업적을 이어받아 흔히 '蕭規曹隨'라 칭함. 《史記》(54) 曹相國世家와 《漢書》(39)에 세가와 전이 있음.

【樊噲】 한나라 초기의 장수(?~B.C.189). 유방과 같은 고향으로 어릴 때 개백정이었으며, 뒤에 유방을 따라나서 그의 部將이 되어 공을 세운 뒤 賢成君에 봉해짐. 한나라 건국 후 여러 차례 반란을 평정하여 승상에 올랐으며 舞陽侯에 봉해짐. 《史記》(95)와 《漢書》(91)에 전이 있음.

【灌嬰】 한나라 초기의 대신(?~B.C.176). 睢陽 사람으로 처음 비단 장수였으나 뒤에 유방을 따라 큰 공을 세워 車騎將軍을 거쳐 潁陰侯에 봉해짐. 한나라 건국 뒤에 陳平, 周勃과 함께 呂氏를 제거하고 문제를 세워 太尉를 거쳐 丞相에 오름. 《史記》(95)와 《漢書》(41)에 전이 있음.

【六國】 전국칠웅 중에 秦나라를 제외한 山東 여섯 나라, 즉 齊·楚·燕·韓·魏·趙를 가리킴. 이들 여섯 나라는 모두 진나라 천하통일에 망하였으며, 그 후대들이 다시 일어나 난을 일으켰고 그 목적은 자신들의 고국을 다시 회복하는 것이었음.

【借箸之謀】 초한전에 역이기(酈食其)가 육국의 후예를 복원시켜 주고 이들의 힘을 빌려 項羽를 칠 것을 劉邦에게 권하자 유방이 좋은 의견이라 들어 주려하였음. 마침 유방이 식사 중이었는데, 이 때 장량이 들어와 이를 듣고 밥 먹던 유방의 젓가락을 빌려 형세를 설명하며 그 부당성을 진설함. 이에 유방이 먹던 밥을 그만두며 크게 깨달아 역이기를 질책하였음.《史記》留侯世家에 "漢三年, 項羽急圍漢王滎陽, 漢王恐憂, 與酈食其謀橈楚權. 食其曰:「昔湯伐桀, 封其後於杞. 武王伐紂, 封其後於宋. 今秦失德弃義, 侵伐諸侯社稷, 滅六國之後, 使無立錐之地. 陛下誠能復立六國後世, 畢已受印, 此其君臣百姓必皆戴陛下之德, 莫不鄉風慕義, 願爲臣妾. 德義已行, 陛下南鄉稱霸, 楚必斂袵而朝.」漢王曰:「善. 趣刻印, 先生因行佩之矣.」食其未行, 張良從外來謁. 漢王方食, 曰:「子房前! 客有爲我計橈楚權者.」其以酈生語告, 曰:「於子房何如?」良曰:「誰爲陛下畫此計者? 陛下事去矣.」漢王曰:「何哉?」張良對曰:「臣請藉前箸爲大王籌之.」曰:「昔者, 湯伐桀而封其後於杞者, 度能制桀之死命也. 今陛下能制項籍之死命乎?」曰:「未能也.」「其不可一也. 武王伐紂封其後於宋者, 度能得紂之頭也. 今陛下能得項籍之頭乎?」曰:「未能也.」「其不可二也. 武王入殷, 表商容之閭, 釋箕子之拘, 封比干之墓. 今陛下能封聖人之墓, 表賢者之閭, 式智者之門乎?」曰:「未能也.」「其不可三也. 發鉅橋之粟, 散鹿之錢, 以賜貧窮. 今陛下能散府庫以賜貧窮乎?」曰:「未能也.」「其不可四矣. 殷事已畢, 偃革爲軒, 倒置干戈, 覆以虎皮, 以示天下不復用兵. 今陛下能偃武行文, 不復用兵乎?」曰:「未能也.」「其不可五矣. 休馬華山之陽, 示以無所爲. 今陛下能休馬無所用乎?」曰:「未能也.」「其不可六矣. 放牛桃林之陰, 以示不復輸積. 今陛下能放牛不復輸積乎?」曰:「未能也.」「其不可七矣. 且天下游士離其親戚, 弃墳墓, 去故舊, 從陛下游者, 徒欲日夜望咫尺之地. 今復六國, 立韓·魏·燕·趙·齊·楚之後, 天下游士各歸事其主, 從其親戚, 反其故舊墳墓, 陛下與誰取天下乎? 其不可八矣. 且夫楚唯無彊, 六國立者復橈而從之, 陛下焉得而臣之?

誠用客之謀, 陛下事去矣.」漢王輟食吐哺, 罵曰:「豎儒, 幾敗而公事!」令趣銷印"
라 함.《新序》에도 같은 내용이 실려 있음.

【漕輓之功】漕는 水運, 輓은 陸運을 뜻함. 초한전 때 유방이 식량과 병력이
늘 모자랐으나, 관중을 지키며 재정을 담당하던 소하가 언제나 그에 맞추어
수운과 육운으로 군량과 병력을 보내 주어 전쟁을 치를 수 있도록 하여 마침내
승리를 거둘 수 있었음.《史記》蕭相國世家와《漢書》(39) 참조.

【范增】B.C.277~204. 원래 項羽의 뛰어난 謀士로 亞父로 칭송을 받았음. 항우
에게 여러 차례 유방을 죽여 없앨 것을 건의하였으나 듣지 않음. 특히 鴻門宴에서
의 기회를 항우가 듣지 않았으며, 결국 반간계에 걸려 항우와 사이가 멀어져
사직하고 떠나면서 등에 창병이 나서 죽음.《史記》項羽本紀 등 참조.

【中興】서한이 망하고 光武帝 劉秀에 의해 동한이 건립됨을 뜻함.

【寇恂】자는 子翼(?~36). 동한 초기의 인물로 상곡 창평(지금의 북경) 사람.
지방의 호족으로 유수를 도와 동한을 건국하는 데 큰 공을 세움. 潁川太守,
汝南太守 등을 거쳐 雍奴侯에 봉해짐.《後漢書》(46)에 전이 있음.

【鄧禹】자는 仲華(2~58). 동한 초 南陽 新野(지금의 河南省 新野) 사람으로
유수를 따라 河北을 평정하였으며 前將軍이 됨. 뒤에 河東에 들어가 綠林軍
王匡과 成丹 등을 진압한 공로로 大司徒를 거쳐 酇侯에 봉해졌으며, 다시 關中으로
들어가 赤眉軍 진압에 나섰다가 패함. 유수가 전국을 통일하자 高密侯에 봉해짐.
《後漢書》(46)에 전이 있음.

장수에게 부월斧鉞을 내리는 의미

태종이 말하였다.

"옛날 군대를 출정시키면서 장수를 임명할 때 사흘을 재계하고 나서 장수에게 월鉞이라는 도끼를 주면서 이렇게 말하였지요. '지금부터 하늘에 이르기까지의 모든 일은 장군이 통제한다.' 그리고 다시 부斧라는 도끼를 주면서 이렇게 말하였지요. '지금부터 땅 끝에 이르기까지의 모든 일은 장군이 통제한다.' 그리고 수레바퀴축을 밀면서 이렇게 말하였지요. '진퇴의 모든 사항은 그 때에 맞추어 알아서 결정한다.' 이윽고 이들이 떠나면 군중에는 단지 장군의 명령만을 들을 뿐 임금의 명령이란 없었습니다. 짐은 이러한 의식이 폐지된 지 오래되어 지금 그대와 함께 사실을 참작하여 장군을 파견할 때의 의식을 제정하고 싶소. 어떻습니까?"

이정이 말하였다.

"제가 생각하건대 성인이 사당에서 재를 올리는 제도를 지은 것은 신에게 그 위엄을 빌려 오고자 한 것이라 여깁니다. 부월斧鉞을 주고 다시 바퀴축을 미는 것은 장수에게 권한을 위임하기 위한 것입니다. 지금 폐하께서 매번 출정할 때마다 반드시 공경과 의논하여 사당에 고하고 난 이후에 파견하는 것은 바로 이것이 신의 위엄이 이르러 오도록 맞이하는 것이며, 매번 장수를 임명할 때 그들에게 편의便宜에 따라 그 일에 맞게 처리하도록 하는 것은 이것이 바로 권한의 중함을 빌려 주는 것이니 어찌 재를 올리고 바퀴축을 밀어 주는 것과 다르겠습니까? 모두가 옛날 예에 맞는 것이며 그 의의는 동일한 것이오니 반드시 다시 참작하여 제정하실 필요는 없습니다."

임금이 말하였다.

"훌륭하오!"

그리고 가까운 신하들에게 명하여 이 두 가지 사례를 기록하여 후세에 법으로 삼도록 하였다.

太宗曰：「古者出師命將, 齋三日, 授之以鉞, 曰：『從此至大, 將軍
制之.』又授之以斧, 曰：『從此至地, 將軍制之.』又推其轂,
今欲與卿參定遣將之儀, 如何?」

靖曰：「臣竊謂聖人制作致齋於廟者, 所以假威於神也; 授斧鉞
又推其轂者, 所以委寄以權也. 今陛下每有出師, 必與
公卿議論, 告廟而後遣, 此則邀以神至矣; 每有任將, 必使
之便宜從事, 此則假以權重矣. 何異於致齋推轂邪? 盡合
古禮, 其義同焉, 不須參定.」

上曰：「善!」

乃命近臣書此二事, 爲後世法.

【齋】齋戒. 어떤 일을 앞두고 沐浴齋戒하여 명상함을 뜻함.
【鉞】의장용 도끼. 하늘의 권위를 상징하여 장수에게 전권을 위임할 때 내리는 것.
【斧】역시 의장용 도끼로 땅을 상징하며 장수에게 그 전권을 위임함.
【轂】수레바퀴축. 멈추어 서 있다가 출발할 때 밀어 움직이기 시작하도록 하는
장치.
【致齋】齋戒와 같음. 제사나 의식을 치름.
【告廟】대사나 전쟁이 있을 때 조상의 사당에 고함.
【便宜】기회를 보아 일에 맞도록 실행에 옮김.

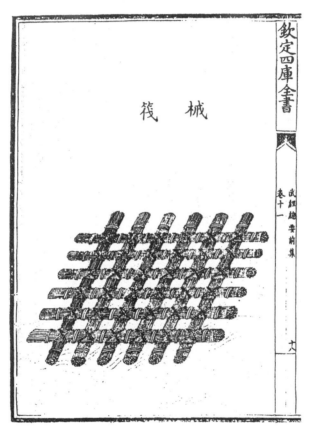

筏 械

《武經總要》에 실려 있는 고대 각종 전투 장비

음양陰陽과 술수術數

태종이 말하였다.

"음양陰陽과 술수術數는 이를 없애 버려도 됩니까?"

이정이 말하였다.

"안 됩니다. 병법이란 궤도詭道입니다. 이를 음양과 술수에 의탁하면 탐욕을 조장할 수 있고 어리석음을 조장할 수 있습니다. 이 때문에 폐기해서는 안 됩니다."

태종이 말하였다.

"그대는 일찍이 천관天官과 시일時日은 장수로써 법으로 여길 바가 못 되는 것으로 어리석은 자는 그에 얽매이게 되기 때문이라 하였는데 그렇다면 음양과 술수도 폐기함이 마땅한 듯한데요?"

이정이 말하였다.

"옛날 주紂가 갑자일甲子日에 망한다고 꺼렸고, 무왕武王은 갑자일에 흥한다고 여겼습니다. 천관과 시일은 갑자로 보면 같은 날짜입니다. 그러나 은殷나라는 혼란하고 주周나라는 다스려졌으니 흥망이 다를 뿐입니다. 또 송宋 무제(武帝, 劉裕)는 망한다는 날짜에 맞추어 군대를 일으켰습니다. 군의 관리들이 불가하다고 여겼지만, 무제는 '내가 나서는 날이요 저들이 망하는 날이다'라 하여 과연 승리를 거두었습니다. 이로써 말하건대 폐기할 수 있음은 분명합니다. 그러나 전단田單이 연燕나라에 포위되었을 때 전단은 한 사람을 신神이라 세워놓고 그에게 절하며 기도하였습니다. 그러나 신의 역할을 하는 자가 '연나라는 깨뜨릴 수 있다'라 하였습니다. 전단은 이에 쇠꼬리에 불을 붙여 연나라를 향해 출격하여 그들을 크게 깨뜨렸습니다. 이는 병가의 속임수(궤도) 입니다. 천관과 시일이라는 것도 역시 이와 같은 것입니다."

태종이 말하였다.

"전단이 신에 의탁하여 괴탄한 일을 벌여 연나라를 깨뜨린 것과 태공太公이 시구蓍龜를 태워 주紂를 멸한 것은 두 가지 일이 서로 상반 됩니다. 어찌 된 것입니까?"

이정이 말하였다.

"그 임기응변은 하나로 같습니다. 혹은 반대로 생각하여 실행한 것이며, 혹은 순리대로 생각하여 실행하여 맞아떨어진 것입니다. 옛날 태공이 무왕을 보좌하여 목야牧野에 이르렀을 때 우레와 비를 만났습니다. 깃발이 꺾이고 북이 찢어지자 산의생散宜生이 점을 쳐 길함을 얻은 뒤에 출발하고 하였습니다. 이것은 군중이 의심과 두려움에 떤다는 이유로 반드시 점을 빌려 신에게 물어 안심시켜야 한다는 것이었습니다. 그러나 태공은 '썩은 풀과 마른 뼈에게 무엇을 물어 본다는 것인가? 더구나 신이 임금을 벌하는 것인데 어찌 두 번이나 그런 질문을 던질 필요가 있겠는가?'라 여겼습니다. 그러나 산의생은 일을 벌이기 전에 기미를 펼쳐 보고자 한 것이요, 태공은 일이 있은 후의 결과의 기미를 성공시키기 위한 것이었으니 거꾸로 하는 것과 순리대로 하는 것이 비록 차이가 있으나 그 이치는 같았던 것이라 봅니다. 제가 앞서 말씀드렸던 바 술수는 폐기할 수 없다라 한 것은 대체로 그 싹이 아직 나기 전의 기미를 존속시키되, 그 공을 이루는 데에까지 이르도록 하는 것은 사람이 하는 일에 달려 있을 뿐임을 말한 것입니다."

太宗曰:「陰陽術數, 廢之可乎?」

靖曰:「不可. 兵者, 詭道也, 托之以陰陽術數, 則使貪使愚, 兹不可廢也.」

太宗曰:「卿嘗言天官時日明將不法, 闇者狗之. 廢亦宜然?」

靖曰:「昔紂以甲子日亡, 武王以甲子日興, 天官時日, 甲子日也, 殷亂周治, 興亡異焉. 又宋武帝以往亡日起兵, 軍吏以爲不可, 帝曰:『我往彼亡.』果克之. 由此言之, 可廢明矣. 然而田單爲燕所圍, 單命一人爲神, 拜而祠之, 神言:『燕可破.』單於是以火牛出擊燕, 大破之. 此是兵家詭道. 天官時日, 亦猶此也.」

太宗曰:「田單托神怪而破燕, 太公焚蓍龜而滅紂, 二事相反, 何也?」

靖曰:「其機一也, 或逆而取之, 或順而行之是也. 昔太公佐武王至牧野, 遇雷雨, 旗鼓毀折, 散宜生欲卜吉而後行. 此則因軍中疑懼, 必假卜以問神焉. 太公以謂:『腐草枯骨無足問, 且以臣伐君, 豈可再乎?』然觀散宜生發機於前, 太公成機於後, 逆順雖異, 其理致則同. 臣前所謂術數不可廢者, 蓋存其機於未萌也, 及其成功, 在人事而已矣.」

【甲子】육십갑자의 첫 번째. 十干(甲乙丙丁戊己庚辛壬癸)과 十二支(子丑寅卯辰巳午未申酉戌亥)를 조합하여 60갑자가 되며 이를 날짜로 계산하기도 함.

【宋武帝】劉裕(363~422). 南朝 宋을 세운 인물로 자는 德輿. 어릴 때 자는 寄奴. 할아버지가 彭城 사람으로 京口(지금의 江蘇 鎭江)로 옮겨 살았으며 어릴 때 매우 가난하였음. 동진 때 장군이 되어 공을 세운 뒤 세력을 키워 後秦을 멸한 다음 相國에 올라 宋王으로 봉해짐. 元熙 2년(420) 동진을 전복시키고 스스로 황제가 되어 국호를 宋이라 함.

【田單】전국시대 齊나라 사람으로 臨淄(지금의 산동 淄博) 사람. 燕나라 樂毅가 제나라를 깨뜨리자, 卽墨에서 지켜 내면서 반간계를 써서 연나라로 하여금 樂毅를 파면하고 騎劫을 대신하도록 한 다음 火牛攻法을 써서 70여 성을 회복함. 齊 襄王 때 相國이 되었으며 安平君에 봉해짐. 《史記》田單列傳 참조.

【祠】기도함.

【蓍龜】시(蓍)는 점에 사용하는 풀이며 龜는 점을 치는데 사용하는 거북껍질.

【機】기교, 기변. 機微.

【散宜生】西周 초기의 대신으로 周 文王을 도와 그가 羑里에 갇혔을 때 이를 구해 냄. 뒤에 武王을 도와 殷의 紂를 멸하는 데 큰 공을 세움. 《史記》周本紀 참조.

境中野鷄繫項下鍼其尾而縱之奔入草中火頃發

火禽者以胡桃剖分空中實艾火開兩孔復合先捕敵

火　禽

《武經總要》에 실려 있는 고대 각종 전투 장비

승패를 조절할 줄 아는 장수

태종이 말하였다.

"지금의 장수로는 오직 이적과 이도종李道宗, 설만철薛萬徹이 있을 뿐입니다. 이도종이 나의 친척임을 제외하고 누가 감히 가장 크게 쓸 수 있겠습니까?"

이정이 말하였다.

"폐하께서 일찍이 이적과 이도종을 거론하시면서 이들의 용병은 크게 이기지도 못하고, 그렇다고 크게 지지도 않는다고 말씀하셨습니다. 그리고 설만철의 경우 크게 이기지 못하면 곧바로 크게 질 인물이라 하셨습니다. 제가 어리석게 생각하건대 큰 승리를 바라지도 아니하고 큰 패배도 하지 않을 자라면 이는 절제節制할 줄 아는 군대요, 혹 크게 이기기도 하고 혹 크게 패하기도 하는 자라면 이는 요행으로 성공을 거두는 자라 할 수 있습니다. 그 때문에 손무孫武는 '전투에 뛰어난 자는 패배하지 아니하는 위치에 서며 적의 패배를 놓치지 아니한다'라 하였으니, 절제란 내가 주도적으로 그 분위기를 만들어 낼 수 있는 것일 뿐입니다."

太宗曰:「當今將帥, 唯李勣·道宗·薛萬徹, 除道宗以親屬外, 孰堪大用?」

靖曰:「陛下嘗言勣·道宗用兵不大勝亦不大敗, 萬徹若不大勝 卽須大敗. 臣愚思聖言, 不求大勝亦不大敗者, 節制之 兵也; 或大勝或大敗者, 幸而成功者也. 故孫武云:『善戰者, 立於不敗之地, 而不失敵之敗也.』 節制在我云爾.」

【堪】견뎌냄. 감당함. 감내함.

【善戰者】《孫子》形篇에 "故善戰者, 立於不敗之地, 而不失敵之敗也. 是故勝兵先 勝而後求戰, 敗兵先戰而後求勝. 善用兵者, 修道而保法, 故能爲勝敗之政"라 함.

【節制】 전황을 내가 주도권을 잡고 진격과 퇴각, 도전과 응전, 공격과 수비를 마음대로 조절하고 제압하는 것을 말함.

048(下-12)
공수를 결정하는 주도권

태종이 말하였다.

"두 군대의 진영이 서로 마주하고 있으면서 서로 싸우지 말자고
말하려 한다면 어떻게 하면 되겠습니까?"

이정이 말하였다.

"옛날 진秦나라 군대가 진晉나라를 칠 때 싸우다가 물러서자 자신도 퇴각하였습니다. 《사마법司馬法》에 '도망가는 적을 먼 데까지 추격하지 아니하며 도망가는 적을 쫓을 때는 너무 가까이 따라가지 않는다'라 하였습니다. 제가 보기에 여기에서 수綏라는 뜻은 말고삐의 줄을 말하는 것입니다. 나의 병사가 이미 절제를 가지고 있다면 적도 역시 항오行伍를 바르게 하고 있을 것이니 어찌 감히 전투라는 것을 가볍게 여기겠습니까? 그러므로 출전하여 교전하다가 물러서고 물러서는 적은 쫓아가지 않으니 각기 자신들의 실패를 막을 수 있게 되는 것입니다. 손무는 '당당한 진을 형성하고 있는 상대는 치지 말라. 정정당당한 깃발을 들고 오는 적은 맞서지 말라'라 하였는데, 만약 두 진영의 모습이 한결같은 균등한 세력인데도 어느 한쪽이 구차스럽게 경박하게 마구 나서고 상대가 그 틈을 타고 공격해 온다면 혹 대패하고 말 것이니 이는 이치가 자연히 그렇게 되는 것입니다. 이 까닭으로 병법에는 싸우지 말아야 할 경우가 있으며 반드시 싸워야 할 경우가 있는 것입니다. 무릇 싸우지 말아야 할 경우는 나에게 있도록 하고, 반드시 싸워야 할 경우는 적에게 있도록 해야 하는 것입니다."

태종이 말하였다.

"싸우지 말아야 할 주도권을 나에게 있도록 한다는 것은 무엇을 말하는 것입니까?"

이정이 말하였다.

"손무孫武는 이렇게 말하였지요. '내가 그들과 전투를 벌이지 않고자 하려면 지역을 구별하여 이를 수비하고 있어야 하며, 적이 나와 더불어 전투를 벌일 수 없도록 하려면 그들이 나설 바를 허물어 그 모책을 어그러뜨려야 한다'라 하였습니다. 적에게 모책을 짜는 사람이 있다면 싸우다가 퇴각하는 사이에는 어떤 모책도 쓰지 말자고 할 것입니다. 그러므로 싸우지 말아야 할 조건은 내가 쥐고 있어야 한다는 것입니다. 무릇 반드시 싸울 수밖에 없는 조건은 적에게 있도록 해야 한다는 것에 대하여 손무는 '적을 잘 동요시키는 자는 아군의 강한 형태를 보여 주는 것으로써 하여 적으로 하여금 틀림없이 이를 따를 수밖에 없도록 유도하고, 작은 이익으로 유혹하여 적으로 하여금 그 먹이에 반드시 걸려들도록 하며, 이러한 방법으로 적을 동요시키되 그 근본으로써 기다린다'라 하였습니다. 적에게 모책을 짜는 사람이 없다면 틀림없이 싸우고자 다가올 것입니다. 그렇게 되면 우리는 그 틈을 타고 이들을 깨뜨릴 수 있습니다. 그 까닭으로 반드시 싸워야 할 경우는 적에게 있도록 해야 한다고 말한 것입니다."

태종이 말하였다.

"깊습니다! 절제節制의 군대여. 그 법을 터득하면 창성하고 그 법을 잃으면 망하는 것이군요. 그대는 역대 절제에 뛰어났던 사례를 찬술하여 그림으로 갖추어 올려 주시오. 짐은 그 중 정미한 것을 택하여 후세에 모범으로 전해 주겠소."

이정이 말하였다.

"제가 전에 올려드렸던 황제黃帝와 태공太公의 두 진도陳圖와 아울러 《사마법》과 제갈량의 기정지법奇正之法은 모두 정밀함을 갖춘 것이며, 역대 명장으로써 그 한두 가지를 응용하여 공을 거둔 자도 역시 많습니다. 다만 사관史官으로서 병법을 아는 자가 극히 적어 그 사실과 자취를 모두 기록하지 못한 것입니다. 제가 어찌 감히 조칙대로 찬술하여 들려드리는 일을 하지 않을 수 있겠습니까?"

太宗曰：「兩陳相臨, 欲言部戰, 安可得乎?」

靖曰：「昔秦師伐晉, 交綏而退.《司馬法》曰：『逐奔不遠, 縱綏
不及.』臣謂綏者, 御轡之索也. 我兵既有節制, 彼敵亦
正行伍, 豈敢輕戰哉? 故有出而交綏, 退而不逐, 各防其
失敗者也. 孫武云：『勿擊堂堂之陳, 無邀正正之旗.』若兩
陳體均勢等, 苟一輕肆, 為其所乘, 敗或大敗, 理使然也.
是故兵有不戰, 有必戰; 未不戰者在我, 必戰者在敵.」

太宗曰：「不戰在我. 何謂也?」

靖曰：「孫武云：『我不欲戰者, 畫地而守之, 敵不得與我戰者, 乖其
所之也.』敵有人焉, 則交綏之間未可圖也, 故曰不戰在我.
夫必戰在敵者, 孫武云：『善動敵者, 形之, 敵必從之; 予之,
敵必取之. 以利動之, 以本待之.』敵無人焉, 則必來戰,
吾得以乘而破之, 故曰必戰者在敵.」

太宗曰：「深乎! 節制之兵. 得其法則昌, 先其法則亡. 卿為纂述歷
代善於節制者, 具圖來上, 朕當擇其精微, 垂於後世.」

靖曰：「臣前所進黃帝·太公二陳圖, 並《司馬法》·諸葛亮奇正
之法, 此已精悉, 歷代名將用其一二而成功者亦眾矣; 但
史官鮮克知兵, 不能紀其實蹟焉. 臣敢不奉詔, 當纂述
以聞?」

【秦師伐晉】B.C.615년 秦나라가 晉나라를 치면서 河曲(지금의 山西省 永濟縣)에서
　대치할 때 쌍방이 서로 물러서기로 했던 사실을 말함.《左傳》文公 12년 참조.
【逐奔不遠】《司馬法》天子之義에 "古者: 逐奔不過百步, 縱綏不過三舍, 是以明其
　禮也; 不窮不能而哀憐傷病, 是以明其仁也; 成列而鼓, 是以明其信也; 爭義不爭利,
　是以明其義也; 又能舍服, 是以明其勇也; 知終知始, 是以明其知也. 六德以時合敎,
　以爲民紀之道也. 自古之政也"라 함.
【綏】인용한 두 문장에서의 綏자. 즉「交綏而退」와「縱綏不及」에서의 綏자의
　뜻을 말한 것임. 두 글자 모두 ‘退’의 뜻을 가지고 있으나 이의 원 뜻은 御轡之索,
　즉 말을 다루는 고삐의 줄을 의미한다고 본 것임.
【勿擊堂堂之陳】《孫子》軍爭篇에 "以近待遠, 以佚待勞, 以飽待飢, 此治力者也.
　無要正正之旗, 勿擊堂堂之陣, 此治變者也"라 함.
【我不欲戰者】《孫子》虛實篇에 "故我欲戰, 敵雖高壘深溝, 不得不與我戰者, 攻其
　所必救也; 我不欲戰, 畫地而守之, 敵不得與我戰者, 乖其所之也"라 함.
【善動敵者】《孫子》勢篇에 "亂生於治, 怯生於勇, 弱生於彊. 治亂, 數也; 勇怯,
　勢也; 强弱, 形也. 故善動敵者, 形之, 敵必從之; 予之, 敵必取之. 以此動之, 以本待之"
　라 하였으며《直解》에 "謂修我之奇正, 繕我之甲兵, 嚴我之隊伍, 明我之號令"
　이라 함.
【節制】전황을 내가 주도권을 잡고 진격과 퇴각, 도전과 응전, 공격과 수비를
　마음대로 조절하고 제압하는 것을 말함.
【垂】流傳되어 내려옴.

049(下-13)
병법의 세 가지 경지

태종이 말하였다.

"병법 중에 어느 것이 가장 심오합니까?"

이정이 말하였다.

"저는 항상 세 가지로 등급을 나누어 이 병법을 배우는 자들로 하여금 의당 점차적으로 그 경지에 이르도록 합니다. 첫째는 도道요, 둘째는 천지天地이며, 셋째는 장법將法입니다. 첫째의 무릇 도의 논리는 지극히 미세하고 지극히 심오하여 《역易》에 소위 말한 '총명예지聰明睿智하고 신무神武하여 마구 죽이는 일을 저지르지 않는다'라는 것이 이것입니다. 둘째의 무릇 천天에 대한 논리는 음양陰陽이며 지地에 대한 논리는 험이 險易입니다. 용병에 뛰어난 자는 능히 음으로써 양을 탈취하고 험한 지형을 바탕으로 쉬운 지형을 가진 자를 공략합니다. 이는 맹자孟子가 소위 말한 '천시는 지리만 못하다'라는 것이 이것입니다. 셋째의 무릇 장법에 대한 논리는 사람에게 맡기며, 예리한 무기를 사용하는 데 달려 있다라는 것으로 《삼략三略》에서 말한 바 '훌륭한 선비를 얻으면 창성하리라'라는 것과 관중管仲이 말한 바 '무기는 반드시 견고하고 예리해야 한다'라는 것이 이것입니다."

태종이 말하였다.

"그렇군요. 나로서는 싸우지 아니하고 남을 굴복시키는 것이 최상이며,
백 번 싸워 백 번 승리를 거두는 것은 중간이며, 깊은 방어용 도랑을
파고 높은 보루를 세워 스스로 수비해 내는 것은 최하의 방법이다
라고 말하고자 합니다. 이것으로써 비교하고 헤아려 보면 손무孫武의
저서는 이 세 가지 내용을 모두 구비하고 있다고 하겠습니다."

이정이 말하였다.

"손무의 문장을 보고 그의 사적을 짚어 보면 역시 그래도 차별이 있습니다. 이를테면 장량張良·범려范蠡·손무孫武의 경우 껍질을 벗어 던지듯 높이 그 경지에 올라 어디로 갔는지 모를 정도이니, 이는 도를 몰랐다면 어찌 그렇게 할 수 있겠습니까? 다음으로 악의樂毅·관중管仲·제갈량의 경우 싸웠다 하면 반드시 승리를 이끌어 냈으며 수비했다 하면 반드시 그 견고함을 지켜내었으니, 이 경우 천시와 지리를 살피지 아니하고서야 어찌 능히 그렇게 할 수 있었겠습니까? 그리고 그 다음으로 왕맹王猛이 전진前秦을 지켜낸 것과 사안謝安이 진晉나라를 지켜낸 것은 장수에게 맡기고 재능 있는 자를 선택하며 무기를 온전히 수선하여 스스로 견고하게 하지 않았다면 어찌 그렇게 해 낼 수 있었겠습니까? 그러므로 병법을 익히는 학문이란 반드시 먼저 아래(온전한 수비법)로부터 중간(백전백승)으로 올라가야 하며, 다시 중간으로부터 최상(싸우지 아니하고 남을 굴복시킴)으로 올라가야 하는 것이니, 이렇게 되면 점차 오묘한 곳으로 들어가게 되는 것이 됩니다. 그렇게 하지 아니하면 헛된 말을 남긴 것이며, 그저 기억하고 외우는 것일 뿐으로 아무것도 취할 바가 없게 되지요."

태종이 말하였다.

"도가道家에서는 삼대에 걸쳐 장수가 된 자를 꺼린다 하였는데, 이는 병법이란 마구 전할 것이 아니기 때문이겠지요. 그러나 전하지 않을 수 없으니 그대는 병법을 남에게 전할 때 신중을 기하시오!"

이정은 재배하고 물러나와 자신의 책을 모두 이적李勣에게 넘겨 주었다.

太宗曰:「兵法孰爲最深者?」

靖曰:「臣常分爲三等, 使學者當漸而至焉. 一曰道, 二曰天地, 三曰將法. 夫道之說至微至深,《易》所謂『聰明睿智神武而不殺』者是也. 夫天之說陰陽, 地之說險易. 善用兵者, 能以陰奪陽, 以險攻易, 孟子所謂『天時地利』者是也. 夫將法之說在乎任人利器,《三略》所謂『得士者昌』, 管仲所謂『器必堅利』者是也.」

太宗曰:「然. 吾謂不戰而屈人之兵者上也, 百戰百勝者中也, 深溝高壘以自守者下也. 以是校量, 孫武著書, 三等皆具焉.」

靖曰:「觀其文, 迹其事, 亦可差別矣. 若張良・范蠡・孫武, 脫然高引, 不知所往, 此非知道, 安能爾乎? 若樂毅・管仲・諸葛亮戰必勝, 守必固, 此非察天時地利, 安能爾乎? 其次王猛之保秦, 謝安之守晉, 非任將擇材, 繕完自固, 安能爾乎? 故習兵之學, 必先繇下以及中, 繇中以及上, 則漸而深矣. 不然, 則垂空言, 徒記誦, 無足取也.」

太宗曰:「道家忌三世爲將者, 不可妄傳也, 不可不傳也, 卿其愼之!」

靖再拜出, 盡傳其書與李勣.

【一曰道】《孫子》計篇에 "故經之以五校之計, 而索其情: 一曰道, 二曰天, 三曰地, 四曰將, 五曰法. 道者, 令民與上同意也, 故可與之死, 可與之生, 而民不畏危. 天者, 陰陽·寒暑·時制也. 地者, 遠近·險易·廣狹·死生也. 將者, 智·信·仁·勇·嚴也. 法者, 曲制·官道·主用也. 凡此五者, 將莫不聞, 知之者勝, 不知者不勝. 故校之以計, 而索其情. 曰: 主孰有道? 將孰有能? 天地孰得? 法令孰行? 兵衆孰强? 士卒孰鍊? 賞罰孰明? 吾以此知勝負矣"라 함.

【易】《周易》을 가리킴. 天·地·風·雷·水·火·山·澤 여덟 가지 자연 현상을 八卦로 하여 小成卦를 이루며 이 팔괘가 조합하여 64괘의 大成卦를 이룸.

【聰明睿智神武而不殺】《周易》繫辭傳(上)에 "古之聰明叡知. 神武而不殺者夫. 是以明於天之道, 而察於民之故, 是興神物以前民用. 聖人以此齊戒, 以神明其德夫. 是故闔戶謂之坤, 闢戶謂之乾, 一闔一闢謂之變, 往來不窮謂之通; 見乃謂之象, 形乃謂之器, 制而用之謂之法, 利用出入, 民咸用之謂之神"이라 함.

【陰陽】天에 대한 논리로 하늘의 상대적인 논리를 병법에 응용하는 것을 말함.

【險易】地에 대한 논리로 지형의 험준함과 작전에 유리함을 따져 계책을 세움을 뜻함.

【孟子】孟軻. 자는 子輿(대략 B.C.372~289). 儒家의 亞聖으로 불리며《孟子》7편을 남김. 十三經의 하나이며 四書의 하나.

【天時地利】《孟子》公孫丑(下)에 "孟子曰:「天時不如地利, 地利不如人和. 三里之城, 七里之郭, 環而攻之而不勝; 夫環而攻之, 必有得天時者矣; 然而不勝者, 是天時不如地利也. 城非不高也, 池非不深也, 兵革非不堅利也, 米粟非不多也; 委而去之: 是地利不如人和也. 故曰: 域民不以封疆之界, 固國不以山谿之險, 威天下不以兵革之利. 得道者多助, 失道者寡助. 寡助之至, 親戚畔之; 多助之至, 天下順之. 以天下之所順, 攻親戚之所畔; 故君子有不戰, 戰必勝矣.」"라 함.

【不戰而屈人之兵】《손자》謀攻篇에 "百戰百勝, 非善之善者也; 不戰而屈人之兵, 善之善者也"라 함.

【深溝高壘】 방어용 溝塹과 堡壘를 높고 깊게 설치함.

【校量】 較量과 같음. 비교하고 따지며 재어 봄.

【迹】 추구하여 그 결과나 성과를 따져 봄.

【脫然高引】 초연히 높은 경지에 오름.

【王猛】 五胡十六國 때 前秦 苻堅의 대신. 자는 景略(325~375). 兵書에 박통하였
　　으며 부견의 모사가 되어 신임을 받아 司徒, 錄尙書事 등을 거쳐 丞相에 오름.
　　그는 東晉의 형세를 잘 알고 있어 죽을 때 부견으로 하여금 동진을 공격하지
　　말 것을 건의하였으나 부견은 이를 듣지 않고 공격하였다가 淝水之戰에서 대패함.
　　《晉書》(114) 前秦載記와 《南史》(24)에 전이 있음.

【謝安】 字는 安石(320~385). 謝裒의 아들이며 謝琰(望蔡)의 아버지. 謝奕의
　　동생. 덕망이 있고 기개가 높아 桓彝, 王濛의 사랑을 받음. 처음에는 벼슬에
　　뜻을 버리고 王羲之, 支遁 등과 산수를 즐기며 조정의 부름에 응하지 않았으나
　　40이 넘어 桓溫의 司馬를 거쳐 吳興太守, 侍中, 吏部尙書, 太保錄尙書事 등의
　　관직을 지냄. 당시 前秦의 苻堅이 강성하여 梁州, 益州를 점거하자 그는 아우
　　謝石과 조카 謝玄을 시켜 이를 방어하였으며, 太元 8년(383)에 淝水之戰에서
　　드디어 秦軍을 대파하고 북벌을 감행하여 靑州, 兗州 등을 수복하기도 하였음.
　　뒤에 다시 太傅에 추증되었으며 시호는 文靖. 《晉書》(79)에 전이 있음.

【繕完】 성과 무기 등을 완전하게 修繕하여 대비함.

【繇】 '由'와 같음. 雙聲互訓으로 통가한 것임.

《武經總要》에 실려 있는 고대 각종 전투 장비

이
위
공
문
대

부록

I. 《衛公兵法輯本》......... 清, 汪宗沂

❋ 이위공(李靖)이 병법에 대한 저술은 상당히 많았던 것으로 알려져 있다. 즉 《통지通志》(藝文略), 《송사宋史》(藝文志), 《구당서舊唐書》(經籍志), 《숭문총목崇文總目》, 《문연각서목文淵閣書目》, 《수초당서목遂初堂書目》 등에 의하면 이정의 저술로 다음과 같은 14가지의 서목이 저록되어 있다.

① 《兵家心術》(1권)
② 《兵鈐新書》(1권)
③ 《李僕射馬前訣》(1권)
④ 《李衛公兵機》(1册)
⑤ 《李衛公四門經歷》(1책)
⑥ 《李衛公武略》(1책)
⑦ 《李衛公元戎必勝錄》(1책)
⑧ 《六壬用兵太一心機要訣》(1권)
⑨ 《明將秘要》(3권)
⑩ 《彭門玉帳》(1권)
⑪ 《六軍鏡》(3권)
⑫ 《衛國公手記》(1권)
⑬ 《韜鈐秘術》(1권)
⑭ 《總要》(3권)

그러나 이들은 모두 사라지고 남아 있지 않다. 이에 청대 왕종기汪宗沂 (1837~1906. 安徽 歙縣 사람. 자는 仲伊, 호는 弢廬處士. 光緖 6년 진사. 경사와 병법 이론에 밝았으며 《禮樂一貫錄》, 《三家兵法》, 《周易學統》, 《金元十五調南北曲譜》 등을 남김)가 당唐나라 두우杜佑가 편찬한 《통전通典》과 두목杜牧의 《손자주孫子注》,

송대 《태평어람太平御覽》,《무경총요武經總要》, 명明나라 당순지唐順之의 《무편武編》 등에 인용된 이정의 병법 일문逸文들을 모두 모아 《위공병법집본衛公兵法輯本》을 완성하였다. 원래 이 책은 〈장무병모將務兵謀〉, 〈부오영진部伍營陣〉, 〈공수전구攻守戰具〉 등 3권으로 되어 있으며, 그의 《잠서촌사왕씨병학삼서潛西村舍汪氏兵學三書》에 실려 있다. 이중 〈장무병모將務兵謀〉, 〈부오영진部伍營陣〉의 문장 중에 《이위공문대李衛公問對》와 관련 있는 부분을 실어 참고로 삼는다. 이는 《신역이위공문대新譯李衛公問對》(鄔錫非 注譯, 三民書局, 臺北, 1996)에 실려 있는 것을 전재한 것임을 밝힌다.

1. 杜牧 《孫子》注(4) 〈形篇〉에 인용된 것

夫將之上務, 在於明察而衆和, 謀深而慮遠, 審於天時, 稽乎人理.

若不料其能, 不達權變, 及臨機赴敵, 方始越趄, 左顧右盼, 計無所出, 信任過說, 一彼一此, 進退狐疑, 部伍狼藉, 何異趣蒼生而赴湯火, 驅牛羊而啗狼虎者乎?

2. 杜佑 《通典》(권154)

用兵上神, 戰貴其速. 簡練士卒, 申明號令, 曉其目以麾幟, 習其耳以鼓金. 嚴賞罰以戒之, 重芻豢以養之, 浚溝壘以防之, 指山川以導之, 召才能以任之, 述奇正以敎之. 如此則雖敵人有雷電之疾, 而我亦有所待也. 若兵無先備則不應卒, 卒不應則失於機, 失於機則後於事, 後於事則不制勝而軍覆矣. 故《呂氏春秋》云:「凡兵者欲急捷, 所以一決取勝, 不可久而用之矣.」 或曰: 「兵之情雖主速, 乘人之不及, 然敵將多謀, 戎卒欲輯, 令行禁止, 兵利甲堅, 氣銳而嚴, 力全而勁, 豈可速而犯之耶?」 答曰:「若此則當卷跡藏聲, 蓄盈待竭. 避其鋒勢與之持久, 安可犯之哉? 廉頗之拒白起, 守而不戰, 宣王之抗武候, 抑而不進, 是也.」

3. 《通典》(권150)

夫決勝之策者在乎察將之材能, 審敵之彊弱, 斷地之形勢, 觀時之宜利. 先勝而後戰, 守地而不失, 是謂必勝之道也. 若上驕下怨, 可離而間; 營久卒疲, 可掩而襲; 昧迷去就, 士衆猜嫌, 可振而走; 重進輕退, 遇逢險阻, 可邀而取. 若敵人旌旗屢動, 士馬屢顧, 其卒或縱或橫, 其吏或行或止, 追北恐不利, 見利恐不獲; 長途而未息, 入險地而不疑; 勁風劇寒, 剖冰濟水, 烈景炎熱, 倍道兼行, 陣而未定, 舍而未畢, 若此之勢, 乘而擊之, 此爲天贊我也, 豈有不勝哉!

4. 《通典》(권150)

若軍有賢智而不能用者敗; 上下不相親而各逞己長者敗; 賞罰不當而衆多怨言者敗; 知而不敢擊, 不知而擊者敗; 地利不得, 而卒多戰阨者敗; 勞逸無辨, 不曉車騎之用者敗; 覘候不審而輕敵懈怠者敗; 行於絶險而不知深溝絶澗者敗; 陣無選鋒而奇正不分者敗. 凡此十敗, 非天之殃, 將之過也. 夫兵者, 寧千日而不用, 不可一時而不勝. 故白起對秦王曰:「明王愛其國, 忠臣愛其身, 臣寧伏其重誅, 不忍爲辱軍之將.」又嚴顔謂張飛曰:「卿等無狀, 侵奪我州, 有斷頭將軍, 無降將軍也.」故二將咸重其名節, 寧就死而不求生者, 蓋知敗衄之恥, 斯誠甚矣.

5. 《通典》(권150)

又曰: 凡與敵相逢, 持軍相守, 欲知彼算, 將揣其謀, 則如之何? 對曰: 士馬驍雄, 示我以羸弱; 陣伍齊肅, 示我以不戰. 見小利, 佯不爲不敢爭; 伏奇兵, 故誘以奔北. 內實嚴警, 外爲弛慢. 恣行間諜, 託以忠告. 或執使以相忿, 或厚賂以相悅. 移師則減灶, 合營則掩旗, 智足以及謀, 勇足以及怒. 非得地而不舍, 非全軍而不侵. 以多擊少, 必取於晨朝; 以寡擊衆, 必候於日暮. 如此, 則兵多詭伏, 將有深謀, 理須曲爲防愼, 不可入其規畫, 故《傳》曰:「見可而進, 知難而退, 軍之善政也.」但敵國固小, 蜂蠆有毒. 且鳥窮則啄, 獸窮猶觸者, 皆自衛其生命而求免於禍難也. 若困而不鬥, 乃智不逮於鳥獸, 其將能乎? 必須料敵致勝, 戒於小利, 然後可立大功矣.

或又問曰: 所謂料敵者何? 對曰: 料敵者, 料其彼我之形, 定乎得失之計, 始可兵出而決於勝負矣. 當料彼將吏孰與己和? 主客孰與己逸? 排甲孰與己堅? 器械孰與己利? 教練孰與己明? 地勢孰與己險? 城池孰與己固? 騎畜孰與己多? 糧儲孰與己廣? 功巧孰與己能? 秣飼孰與己豐? 資貨孰與己富? 以此揣而料之, 焉有不保其勝哉! 夫軍無小聽, 聽必審也. 戰無小利, 利必大也. 審聽之道, 詐亦受之, 實亦受之, 巧亦受之, 拙亦受之, 其詐而似實亦受之, 其實而似詐亦受之. 但當明聽其實, 參會衆情, 徐思其驗, 鍛鍊而用. 不得逆詐自聽, 挫折愚人之詞, 又不得聽庸人之說, 稱敵寡弱, 輕侮衆心, 而不料其虛實, 又不得受敵人以小利餌我. 勇士輒掠財畜, 獲其首級, 將闇不斷而重賞之, 忽敵無備, 必爲所財.

揣敵之術亦易知矣, 若辭怒而不戰者, 待其援也; 杖而立, 汲而先飲者, 倍程逼速, 飢渴之兼也. 夫欲行無窮之勢, 圖不測之利, 其事煩多, 略陳梗概而已. 若遇小寇而不可擊者, 爲其將智而謀深, 士勇而軍整, 鋒甲尖銳而地險, 騎畜肥逸而令行, 如此, 則士蓄必死之心, 將懷擒敵之計. 此當固守而待之, 未得輕而犯也. 如逢大敵而必鬥也者, 彼將愚昧而政令不行, 士馬雖多而衆心不一, 鋒甲雖廣而衆力不堅, 居地無固而糧運不繼. 卒無攻戰之志, 旁無車馬之援, 此可襲而取之. 抑又聞之, 統戎行師, 攻城野戰, 當須料敵, 然後縱兵. 夫爲將, 能識此之機變, 知彼之物情, 亦何慮功遲, 鬥不勝哉!

6. 《通典》(권150)

敵有十五形可擊: 新集, 未食, 不順, 後至, 奔走, 不戒, 動勞, 將離, 長路, 候濟, 不暇, 險路, 擾亂, 驚怖, 不定.

7.《通典》(권150)

帥有十過: 勇而輕死, 貪而好利, 仁而不忍, 知而心怯, 信而喜信人, 廉潔而愛人, 慢而心緩, 剛而自用, 懦志多疑, 急而心速.

8.《通典》(권158)

凡事有形同而勢異者, 亦有勢同而形別者. 若順其可, 則一舊而功濟; 如從未可, 則暫動而必敗. 故孫臏曰:「計者, 因其勢而利導之.」兵法曰:「百里而趨利者, 則蹶上將, 五十里而趨利者, 軍半至.」「善動敵者, 形之, 而敵從之; 與之, 而敵取之. 以奇動之, 以正待之.」此戰勢之要術也. 若我士卒已齊, 法令已行, 奇正已設, 置陣已定, 誓衆已畢, 上下已怒, 天時已應, 地利已據, 鼓角已震, 風勢已順, 敵人雖衆, 其奈我哉? 譬虎之有牙, 兕之有角, 身不蔽捍, 手無寸刃, 而欲搏之, 勢不可觸, 其亦明矣!

故兵有三勢: 一曰氣勢, 二曰地勢, 三曰因勢. 若將勇輕敵, 士卒樂戰, 三軍之衆, 志厲青雲, 氣等飄風, 聲如雷霆, 此所謂氣勢也. 若關山狹路, 大阜深澗, 龍蛇盤陰, 羊腸狗門, 一夫守險, 千人不過, 此所謂地勢也. 若因敵怠慢, 勞役飢渴, 風浪驚擾, 將吏縱橫, 前營未舍, 後軍半濟, 此所謂因勢也. 若遇此勢, 當潛我形, 出其不意, 用奇設伏, 乘勢取之矣. 是以良將用兵, 審其機勢而用兵氣, 仍須鼓而怒之, 感而勇之, 賞而勸之, 激而揚之. 若鷙鳥之擾, 猛獸之搏, 必修其牙距, 度力而下, 遠則氣衰易不及, 近則形見而不得. 故良將之戰, 必整其三軍, 礪其鋒甲, 設其奇伏, 量其形勢, 遠則力疲易不及, 近則敵知易不應. 若不通此機, 乃智不及於鳥獸, 亦何能取勝於勁寇乎? 乃須怒士厲衆, 使知奮勇, 故能無强陣於前, 無堅城於外, 以弱勝強, 必因勢也.

9.《通典》(권157)

凡是賊徒, 好相掩襲. 須擇勇敢之夫, 選明察之士, 兼使鄉導, 潛歷山原, 密其聲, 晦其跡. 或刻爲獸足而印履於中途, 或上託微禽而幽伏於叢薄, 然後傾耳而遙聽, 竦目而深視, 專智以度事機, 注心而候氣色. 見水痕則可以測敵濟之早晚, 觀樹動則可以辨來寇之驅馳也. 故煙火莫若謹而審, 旌旗莫若齊而一. 爵賞必重而不欺, 形戮必嚴而不舍. 敵之動靜而我必有其備, 彼之去就而我必審其機, 豈不得保其全哉?

10.《通典》(권159)

《軍志》云:「失地之利, 士卒迷惑, 三軍困敗. 飢飽勞逸, 地利爲寶.」不其然矣? 是以彼此俱利之地, 則讓而設伏, 趨其所愛, 而傍襲之. 彼此不利之地, 則引而佯去, 待其半出邀擊之. 平易之所, 則率騎而與陣. 險隘之處, 則勵步以及徒. 往易歸難, 左險右阻, 沮洳幽穢, 垣培溝瀆, 此車之害地也. 有入無出, 長馳回驅, 大阜深谷, 洿泥塹澤, 此騎之敗地也. 候視相及, 限壑分川, 斯可以縱弓弩. 聲塵相接, 深林盛薄, 斯可以奮矛鋌. 蘆葦深草, 則必用風火. 蔣潢翳薈, 則必率其伏. 平坦則方布, 污斜則圓形; 左右俱高則張翼, 後高前下則銳衝.

凡戰之道, 以地形爲主, 虛實爲佐, 變化爲輔, 不可專守險以求勝也. 仍須節之以金鼓, 變之以權宜, 用逸待勞, 掩遲爲疾, 不明地利, 其敗不旋踵矣. 或有進師行軍, 不因鄕導, 陷於危敗, 爲敵所制. 左谷右山, 束馬懸車之逕, 前窮後絶, 雁行魚貫之岩, 兵陣未整而强敵忽臨, 進無所憑, 退無所固, 求戰不得, 自守莫安, 住則日月稽留, 動則首尾受敵, 野無水草, 軍乏資糧, 馬因人疲, 智窮力極. 一人守險, 萬夫莫向, 如彼要害, 敵先據之, 如此之利, 我已失守, 縱有驍兵利器, 亦何以施其用? 事至於此, 可不愼之哉? 若此死地, 疾戰則存, 不戰則亡. 當須上下同心, 倂氣一力, 抽腸濺血, 一死一前, 因敗爲功, 轉禍爲福也.

11. 《通典》(권159)

若敵人在死地, 無可依固, 糧食已盡, 救兵不至, 謂之窮寇. 擊此之法, 必其去道, 勿使有鬪心, 雖衆可破. 當以精騎分塞要道, 輕兵進而誘之, 陣而勿戰, 敗謀之法也.

12. 《通典》(권152)

夫戰之取勝者, 豈求之於天地乎? 在因人以成之. 歷觀古人之用間, 其妙非一, 卽有問其君者, 有問其親者, 有問其賢者, 有問其能者, 有問其助者, 有問其鄰好者, 有問其左右者, 有問其縱橫者. 故子貢·史廖·陳軫·蘇秦·張儀·范雎等, 皆憑此術而成功也.

且問之道, 其有五焉: 有因其邑人, 使潛伺察而致詞焉; 有因其仕子, 故洩虛假, 令告示焉; 有因敵之使, 矯其事而返之焉; 有審擇賢能, 使覘彼向背虛實而歸說之焉; 有佯緩罪戾, 微漏我僞情浮計, 使亡報之焉. 凡此五間, 皆須隱秘, 重之以賞, 密之又密, 始可行焉. 若敵有寵嬖, 任以腹心者, 我當使間遺其珍玩, 恣其所欲, 順而傍誘之; 敵有重臣失勢, 不滿其志者, 我則啗以厚利, 詭相親附, 採其情實而致之; 敵有親貴左右之多詞誇誕, 好論利害者, 我則使間, 曲情尊奉, 厚遺珍寶, 揣其所間而反間之; 敵若使聘於我, 我則稽留其使, 令人與之共處, 矯致殷勤, 僞相親昵, 朝夕慰喩, 倍供珍味, 觀其辭色而察之, 仍朝暮令使獨與己伴居, 我遣聰明者, 潛於複壁中, 聽其所間. 使旣遲違, 恐彼怪責, 必是竊論心事, 我知計遣而用之.

且夫, 用間以間人, 人亦用間以間己; 己以密往, 彼以密來. 理順獨察於心, 參會於事, 則不失矣. 若敵使人來, 欲候我虛實, 察我動靜, 覘知事計而行其間者, 我當佯爲不覺, 舍其厚利而善啗之, 舍止而善飯之, 微以我僞言誑事, 示以前卻期會, 則我之所須, 爲彼之所失者, 因其間而反間之. 彼若將我虛而以爲實, 我卽乘其弊而得其志矣. 夫水所以能濟舟, 亦有因水而覆沒者. 間所以能成功, 亦有憑間而傾敗者. 若束髮事主, 當朝正色, 忠以盡節, 信以竭誠, 不詭伏以自容, 不權宜以爲利, 雖有善間, 其可用乎?

13. 《通典》(권148)

諸兵士將戰, 身貌尫弱, 不勝衣甲. 又戎具所施, 理須堅勁, 須簡取强兵, 并令試練器仗. 兵須勝擧衣甲, 器仗須徹札陷堅, 取甲試令斫射, 然後取中.

14. 《通典》(권148)

諸大將出征, 且約授兵二萬人, 而卽分爲七軍. 如或少, 臨時更定. 中軍四千內揀取戰兵二千八百人, 五十人爲一隊, 計五十六隊. 戰兵內: 弩手四百人, 弓手四百人, 馬軍千人, 跳盪五百人, 奇兵五百人. 左右虞候各一軍, 每軍各二千八百人, 內各取戰兵一千九百人, 共計七十八(六)隊. 戰兵內: 每軍弩手三百人, 弓手三百人, 馬軍五百人, 跳盪四百人, 奇兵四百人. 左右廂各二軍, 軍各有二千六百人, 各取戰兵一千八百五十人, 共計一百四十八隊. 戰兵內: 每軍弩手二百五十人, 弓手三百人, 馬軍五百人, 跳盪四百人, 奇兵四百人. 馬步通計, 總當萬四千人, 共二百八十隊當戰, 餘六千人守輜重.

諸圍三徑一, 尺寸共知. 復造幕, 尺丈已定, 每十人共一幕. 且以二萬人爲軍, 四千人爲營在中心. 左右虞候, 左右廂四軍, 共六總管, 各一千人爲營. 共多外面逐長二十七口幕, 橫列十八. 六面援中軍. 六總管下各更有兩營. 其虞候兩營兵多, 外面逐長二十七口幕, 橫列十八口幕. 四總管營, 外面逐長二十二口幕, 橫列十八口幕. 四步下計, 當千一百三十六步. 又十二營街, 各別闊十五步, 計當一八十步. 通前當千三百十六步. 以圍三徑一, 取中心豎徑, 當四百三(二)十九步以下. 下營之時, 先定中心, 卽向南北東西, 各步二百四十步, 並令南北東西及中心標端. 四面旣定. 卽斜角更安四標準, 南北令端. 從此以後, 分擘配營極易. 計二萬病, 除守輜重六千人, 馬軍四千人, 步兵令當二百隊. 別取六步三尺二寸地, 並衝塞總盡. 若地土寬廣, 不在賤庭, 卽五步以上幕準算折. 若地狹步置不得, 卽須逐角長斜, 計算尺寸, 一依下營法.

凡以五十人爲隊, 其押內兵士, 須結其心. 每三人自相得意者, 結爲一小隊; 又合三小隊得意者, 結爲一中隊; 又合五中隊爲一大隊. 餘欠五人. 押官一人,押頭執旗一人, 副隊頭一人, 左右傔旗二人, 即充五十. 至於行立前卻, 當隊並須自相依附, 如三人隊失一人者, 九人隊失小隊二人者, 臨陣日仰押官, 隊頭便斬不救人. 陣散, 計會隊內少者, 勘不救所由, 斬.

15. 《通典》(권149)

諸軍將五旗, 各準方色: 赤, 南方, 火; 白, 西方, 金; 皂, 北方, 水; 碧, 東方, 木; 黃, 中央, 土. 土旣不動, 用爲四旗之主, 而大將行動, 持此黃旗於前立如東西南北有賊, 各隨方色擧旗, 當方面兵急須裝束. 旗向前亞方面兵急須進. 旗正豎, 即住; 臥, 即廻. 審細看大將軍所擧之旗, 須依節度.

諸每隊給一旗, 行則引隊, 住則立於隊前. 其大總管及副總管, 則立十旗以上, 子總管則立四旗以上, 行則引前, 住則立於帳側. 統頭亦別給異色旗, 擬臨陣之時, 則辨其進退. 駐隊等旗, 別樣別造, 令引輜重. 各令本軍營隊識認其旗. 如兵數校多, 軍營復衆, 若以異色認旗, 遠看難辨, 即每營各別畫禽獸, 自爲標記亦得. 不然, 旗身旗脚但取五方色廻互爲之, 則更易辨. 唯須營營自別, 務使指麾分明.

諸敎戰陣, 每五十爲隊, 從營纏槍幡, 至敎場左右各廂, 各依隊次解幡立隊. 隊別相去各十步, 其隊方十步, 分布使均. 其駐隊塞空, 去前隊二十步. 列布訖, 諸營十將一時即向大將處受處分. 每隔一隊, 定一戰隊, 即出向前, 各進五十步. 聽角聲第一聲絶, 諸隊即一時散立; 第二聲絶, 諸隊一時捺槍卷幡, 張弓拔刀; 第三聲絶, 諸隊一時擧槍; 第四聲絶, 諸隊一時籠槍跪膝坐, 目看大總管處大黃旗, 耳聽鼓聲. 黃旗向前亞, 鼓聲動, 齊唱'嗚呼! 嗚呼!' 齊向前, 至中界, 一時齊鬪, 唱'殺'齊入. 敵退敗訖, 可趁行三十步, 審知賊徒喪敗, 馬軍從背逐北. 聞金鉦動, 即須息叫卻行, 膊上架槍, 側行廻身, 向本處散入. 第一聲絶, 一時捺槍, 便解幡旗; 第二聲絶, 一時捺槍; 第三聲絶, 一時簇隊. 一看大總管處兩旗交, 即五隊合一隊, 即是二百五十人爲一隊, 其隊法及卷幡, 擧槍, 簇隊, 鬪戰法並依前. 聽第一聲角絶, 即散, 二百五十人爲一隊; 第二聲角絶, 即散, 五十人爲一隊. 如此凡三度, 即敎畢. 諸十將一時取大將賞罰進止. 第三角聲絶, 即從頭卷引還軍.

16. 《通典》(권149)

又教旗法日: 凡教旗, 於平原曠野登高遠視處, 大將居其上, 南向左右各置鼓十二面, 角十二具, 左右各樹五色旗, 六纛居前, 列旗次之, 左右牙官駐隊如偃月形爲後騎. 下臨平野, 使士卒目見旌旗, 耳聞鼓角, 心存號令. 乃命諸將分爲左右, 皆去兵刃, 精新甲胄, 幡幟分爲左右廂, 各以兵馬使長班布其次. 陣間容陣, 隊間容隊, 曲間容曲, 以長參短, 以短參長, 廻軍轉陣, 以後爲前. 以前爲後. 進無奔進, 退無趨走. 以正合, 以奇勝, 聽音睹麾, 乍合乍離. 合之與離, 皆不離中央之地. 左廂左向而旋, 右廂右向而旋, 左右各復本初. 白旗掉, 鼓音動, 左右各雲蒸鳥散, 彌川絡野, 然而不失部隊之疏密; 朱旗掉, 角音動, 左右各復本初, 前後左右, 無差尺寸. 散則法天, 聚則法地. 如此三合而三離, 三聚而三散, 不如法者, 使士之罪, 從軍令. 於是大將出五綵旗十二口, 各樹於左右廂, 每旗命壯勇士五十人守旗, 選壯勇士五十人奪旗, 左廂奪右廂, 右廂奪左廂, 鼓音動而奪, 角音動而止. 得旗者勝, 失旗者負, 勝賞而負罰. 離合之勢, 聚散之形, 勝負之理, 賞罰之信, 因是而敎之.

17. 《通典》(권157)

諸軍將戰, 每營跳盪隊, 馬軍隊, 奇兵隊, 戰鋒隊, 駐隊等, 分析爲五等. 當軍等別, 各令一官押領. 出戰之時, 先用某等兵戰鬪, 如更須兵, 以次更取某等兵. 用盡, 當營輜重隊, 不得輒用. 亦各一官押領使堅壘. 各令知其隊伍, 不使紛雜, 自餘節度, 一依橫陣.

18. 《通典》(권157)

諸道狹不可並行者, 卽第一戰鋒隊爲首, 其次右戰隊次之, 其次左戰隊次之, 其次右駐隊次之, 其次左駐隊次之. 若道平川闊, 可得並行者, 宜作統行法. 其統法: 每統, 戰鋒隊居前, 兩戰隊並行次之, 又兩駐隊並行次之, 餘統準此.

若更堪齊頭行者, 每統五隊, 橫列齊行, 後統次之. 如每統三百人, 簡取二百五十人, 分爲五隊, 第一隊爲戰鋒隊, 第二, 第三隊爲戰隊, 第四, 第五隊爲駐隊, 每隊隊頭一人, 副隊頭一人; 其下等五十人, 爲輜重隊, 別著隊頭一人, 副隊頭一人, 擬戰日押輜重遙爲聲援. 若兵數更多, 皆類次.

19. 《通典》(권148)

危阪高陵. 谿谷阻難, 則用步卒. 平原廣衍, 草淺地堅, 則用車. 追奔逐北, 乘虛獵散, 反復百里, 則用騎. 故步爲腹心, 車爲羽翼, 騎爲耳目. 三者相待, 參合迭行.

20. 《通典》(권157)

諸大將置鼓四十面, 子總管給十面, 營別給鼓一面, 行卽負隨纛下, 晝夜及在道有警急, 擊之傳響, 令諸軍嚴警, 兼用防備賊侵逼. 女軍行引之時, 先軍卒逢賊寇, 先軍卽急擊之鼓, 中腰及後軍聞聲, 急須向前相救; 中腰逢賊, 卽須擊鼓, 前軍聞聲便住, 後軍聞聲須急向前赴救; 後頭逢賊, 卽擊鼓, 前頭, 中腰聞聲卽須住, 並量抽兵相救. 如發引稍長, 鼓聲不徹, 中腰支料更須置鼓傳響, 使前後得聞. 其諸營自須著鼓一面, 用防夜中有賊犯營, 卽急擊, 令諸軍有警備.

21. 《通典》(권157)

諸軍馬行動, 得知次第. 出, 先右虞候馬軍爲首, 次右虞候步軍, 次右軍馬軍, 次右軍步軍, 次前軍馬軍, 次前軍步軍, 次中軍馬軍, 次中軍步軍, 次後軍馬軍, 次前軍步軍, 次左軍馬軍, 次左軍步軍, 其次左虞候馬軍, 次左虞候步軍. 其馬軍去步軍兵一, 二里外行, 每有高處, 卽令三五騎馬於上立, 四顧以候不虞. 以後餘軍, 準前立馬四顧. 右虞候旣先發, 安營踏行道路, 修理泥溺,

橋津, 檢行水草; 左虞候排窄路, 橋津, 捍後, 收拾闌遺, 排比隊仗, 整齊軍次,
使不交雜. 若軍廻入, 先左虞候馬軍, 次左虞候步軍, 次左馬軍, 次左步軍,
其次第準前卻轉. 其虞候軍職掌, 準初發交換.

22.《通典》(권157)

諸軍討伐, 例有數營, 發引逢賊, 首尾難救, 行引之時, 須先爲方陣, 應行之兵,
分爲四分, 輜重爲兩道引, 戰鋒等隊亦爲兩道引: 其第一分初發, 輜重及戰
鋒分爲四道行, 兩行輜重在中心雙引, 兩行戰鋒隊並各在輜重外, 左右夾雙引;
其次一分, 戰鋒隊與前般左右行前鋒隊相當, 輜重隊與前行輜重相當; 又其
次一分, 準上; 最後一分, 亦準上初發第一分引, 戰鋒·輜重相當. 如其逢賊,
前後分四行, 兩行輜重抽縮, 兩行戰鋒橫引, 作前面甚易. 其次兩分, 先作四
行長引, 其戰鋒即在外, 便充兩面. 其後分亦先作四行, 其輜重進前, 戰鋒隊
橫列相接, 便充後面亦易. 其方陣立即可成. 如此發引, 縱使狹路, 急緩亦得
成陣. 每軍戰鋒等隊, 須過本軍輜重尾, 輜重稠行, 戰鋒等隊稠引, 常令輜重
佶近前頭. 戰鋒隊相去十步下一隊, 輜重隊相去兩步下一隊, 如此行, 即須
相裏得, 若逢川陸平坦, 彌加穩便. 其戰鋒·輜重等隊, 分布使均.

23.《通典》(권157)

諸逢平原廣澤, 無險可恃, 即作方營. 兵既有二萬人, 已分爲七軍, 中軍
四千人, 左右四軍各二千六百人, 虞候兩軍各二千八百人. 左右軍及左右虞
後軍別三營, 六軍都當十八營, 中軍作一大營. 如其無賊, 田土寬平, 每營中閒
使容一營. 如址狹, 不得使容一營, 中軍在中央, 六軍總管在四畔, 象六出花.
軍出日, 右虞後引前, 其營在中營前右廂向南, 左虞後押後, 在中營後左廂
近北, 結角, 兩虞後相當, 狀同丑未. 若左虞後在前, 即右虞後在後, 諸軍並卻轉,
其左右兩廂營在四面, 各令依近本軍卓幕, 得相統攝, 急緩須有救援. 若欲
得放馬, 其營幕即狹長布, 務取營裡寬廣, 不使街巷窄狹. 如其拓隊兵少,

量抽不戰隊相助. 如兵有多少, 準數臨時加減. 其隊去幕二十步, 布列使均.
諸址帶半險, 須作月營: 其營單列, 面平背險, 兩翅向險, 如月初生. 其營相去,
中閒亦令容一營. 如逼賊庭, 不得使容一營. 若有警急, 畜牧並於營後安置,
其隊依前, 於營外去幕二十步, 均列布之.

24. 《通典》(권157)

諸軍營將發之時, 當營跳盪, 奇兵·馬軍去營二·三里外·當面布列.
戰鋒隊·駐隊各持仗依營四面去擬徹幕處二十步, 布列隊伍, 一如臨陣法.
待營中裝束輜重訖, 其步兵·輜重隊二十步引, 馬軍去步軍二里外行引.
諸軍營將不之時, 當營跳盪·奇兵·馬軍並戰鋒隊·駐隊各令嚴備持仗·
一準發法. 待當營卓幕訖, 方可立隊, 釋仗, 各於本隊下安置. 若有警急, 隨方
禦捍. 其馬軍下營訖, 取總管進止, 其馬合群牧放.

25. 《通典》(권157)

諸晝日有賊犯營, 被犯之營即急擊鼓, 諸營亦擊鼓相應. 應訖, 無賊之營
即止; 唯所犯之營, 非賊散, 鼓聲不得輒止. 諸軍各著衣甲持仗, 看大將五方
旗所指之方, 即是賊來之路, 裝束兵馬出前布陣, 諸軍嚴警. 如須兵救, 一聽
大總管進止, 不得輒動. 諸夜有賊犯軍營, 被犯之營擊鼓傳警, 一如晝日,
非賊去不得輒止. 仍須盡力禦捍, 百方防備. 諸軍擊鼓傳警訖, 鼓音即止,
各自防備, 不得輒動, 賊侵逼急, 即令告中軍, 大總管自將兵救; 餘軍各準常法,
於營前後出隊布陣, 以聽進止.
諸狂賊夜來犯, 被犯之營但擊鼓拒戰, 不得叫喚. 諸營擊鼓傳警訖, 鼓音
即止, 當頭著衣甲防備. 被犯之營既鼓聲不止, 大總管自將兵救. 先與諸將
平章, 兵士或隨身將胡挑鈴爲標記, 不然打鼓從內向外, 以相救助. 其被犯
之營, 聞鼓鐸之聲即知總管兵至. 其軍內節度, 大總管臨時改變處分, 每晨
朝即共諸軍將論一日事, 至暮即共論一夜事. 若先爲久長定法, 則恐有漏洩,
狂賊萬一得知, 翻輪機便.

26. 《通典》(권157)

諸旦以二萬人軍, 用一萬四千人戰, 計二百八十隊. 有賊, 將出戰布陣,
先從右虞候軍引出, 卽次右軍, 卽次前軍, 卽次中軍, 卽次後軍, 卽次左軍,
卽次左虞候軍. 除馬軍八十隊, 其步軍有二百隊. 其中軍三十六隊, 左右虞候
兩軍各二十八隊, 共五十六隊, 其左右廂四軍各二十七隊, 共一百(零八)隊.
須先造大隊, 以三隊合爲一隊, 慮防賊徒倂兵衝突. 其隊居當軍中心, 安置
使均. 其大隊一十五隊, 餘六軍各二隊. 通十五大隊, 合有一百七十隊, 爲戰·
駐等隊. 隊別通隊, 及街閒空處, 據址二十步; 十隊當二百步, 以八十五隊爲
戰隊, 據地計一千七百步. 其八十五隊爲駐隊, 塞空處. 其馬軍, 各在當戰隊後,
住軍左右, 下馬立. 布戰訖, 鼓音發, 其弩手去賊一百五十步卽發箭, 弓手去
賊六十步卽發箭. 若賊至二十步內, 卽射手·弩手俱捨弓弩, 令駐隊人收.
其弓弩手先絡膊, 將刀棒自隨, 卽與戰鋒隊齊入奮擊. 其馬軍·跳盪·奇兵
亦不得輒動. 若步兵被賊蹙迴, 整頓援前. 若跳盪及奇兵·馬軍被賊排退,
戰鋒等隊卽手齊進奮擊. 其賊卻退, 奇兵及馬軍亦不得遠趁, 審知賊驚怖散亂,
然後可乘馬追趁. 其駐隊不得輒動. 前卻打賊, 退敗收軍, 舉槍卷幡, 一依敎法.
如營不牢固, 無險可恃, 卽軍別量抽一兩隊充駐隊, 使堅營壘. 如其輜重牢固,
不要防守, 駐隊亦須出戰也.

27. 《通典》(권157)

諸賊徒恃險固, 阻山布陣, 不得橫列, 兵士分立, 宜爲豎陣. 其陣法·弩手·
弓手與戰鋒隊相閒引前, 兩駐隊兩邊相翊. 布列旣定, 諸軍卽聽角聲, 其角
聲節度一準前. 看黃旗向賊亞, 聞鼓聲發, 諸軍弩手·弓手及戰鋒隊, 各令人
捉馬, 一時籠槍, 大叫齊入. 若弩手·弓手·戰鋒等隊引退, 跳盪·奇兵一時
齊入, 戰鋒等隊排比迴面, 還與奇兵同入. 如見黃旗卻立不亞及聞金鉦聲,
乃止, 膊上架槍引還, 各於舊處, 準前聽角聲, 卷幡·簇隊一準前. 如便放散,
卽更聽一會角聲, 依軍次發引.

諸方陣既成，逢賊鬥戰，或打頭，或打尾．打頭，其陣行行不前進，陣既不進，自然牢密；如其打尾，頭行不停，其陣中間多有斷絕，須面別各定總管，都押句當，勿令斷絕．

28.《通典》(권157)

諸每隊布立，第一立隊頭，居前引戰；第二立執旗一人，以次立左傔旗在左，次之右傔旗在右，次立其兵，分作五行，傔旗後左右均立．第一行戰鋒七人，次立第二行戰鋒八人，次立第三行戰鋒九人，次立第四行戰鋒十人，次立第五行戰鋒十一人，次立並橫列鼎足，分布爲隊．隊副一人撰兵後立，執陌刀，觀兵士不入者便斬．果毅領傔人，又居後立督戰，觀不入便斬．並須先知左肩右膊，行立依次．

29.《通典》(권157)

諸每隊戰鋒五十人，重行在戰隊前，布陣立隊訖，聞鼓聲發，戰鋒隊即入，其兩戰隊亦排後即入．若戰隊等隊有人不入，同隊人能斬其首者，賞物五十段．別隊見不入人，能斬其首者，準前賞物．唯駐隊人不得輒動．凡與敵鬥，其跳盪，奇兵，馬軍等隊，即須量抽人下馬當之．隊別量抽捉馬人，先定名字．若臨鬥時，捉馬人有前卻及應捉撩亂失次第，致失鞍馬者，斬．若其賊退，步趁不得過三十步，亦不得即乘馬趁．審知賊退，撩亂驚怖，然可騎馬逐北，仍與諸隊齊進．其折衝・果毅，當鬥之時，雖蹔下馬，賊徒敗退以後，即任騎馬檢校騰逐．

30.《通典》(권156)

諸兵馬被賊圍遶，抽拔須設方計．一時齊拔，賊即逐背揮戈，因此必敗．其兵共賊相持，事須抽拔者，即須隔一隊，抽一隊．所抽之隊，去舊隊百步以下，遂便立隊，令持戈槍刀棒並弓弩等，張施待賊．張施了，即抽前隊．如賊來逼，所張弓弩等人, 便卽放箭奮擊. 如其賊止不來, 其所抽隊, 便過向前百步以下, 遂便準前立隊, 張施弓弩等待賊. 卽張施訖, 準前抽前隊, 隔次立陣, 卽免被賊奔躙, 其被抽之隊, 不得急走, 須徐緩而行. 如賊相逼, 卽須迴拒戰. 其隊頭, 押官押後, 副隊頭引前. 如有走者, 仰押官·隊頭便斬; 違失節度者, 斬全隊.

Ⅱ. 《舊唐書》李靖傳 ····················· 後晉, 劉昫

● 《구당서舊唐書》(권67)와 《신당서新唐書》(93)에 똑같이 이정李靖의 본전이
실려 있으나 여기에서는 《구당서》의 본전 전체를 전재하여 참고로 삼는다.

李靖本名藥師, 雍州三原人也. 祖崇義, 後魏殷州刺史, 永康公. 父詮, 隋趙
郡守. 靖姿貌瓌偉, 少有文武材略, 每謂所親曰:「丈夫若遇主逢時, 必當立
功立事, 以取富貴.」舅韓擒虎號爲名將, 每與論兵, 未嘗不稱善, 撫之曰:
「可與論孫, 吳之術者, 惟斯人矣.」仕隋爲長安縣功曹, 後歷駕部員外郎.
左僕射楊素, 吏部尙書牛弘皆善之. 素嘗扶其牀謂靖曰:「卿終富坐此.」

大業末, 累除馬邑郡丞. 會高祖擊突厥於塞外, 靖察高祖, 知有四方之志,
因自鎖上變, 將詣江都, 至長安, 道塞不通而止. 高祖克京城, 執靖將斬之,
靖大呼曰:「公起義兵, 本爲天下除暴亂, 不欲就大事, 而以私怨斬壯士乎!」
祖壯其言, 太宗又固請, 遂捨之. 太宗尋召入幕府.

武德二年, 從討王世充, 以功授開府. 時蕭銑據荊州, 遣靖安輯之.
輕騎至金州, 遇蠻賊數萬, 屯聚山谷, 廬江王瑗討之, 數爲所敗. 靖與瑗設
謀擊之, 多所克獲. 旣至硤州, 阻蕭銑, 久不得進. 高祖怒其遲留, 陰勅硤州都
督許紹斬之. 紹惜其才, 爲之請命, 於是獲免. 會開州蠻首冉肇則反, 率衆寇
夔州, 趙郡王孝恭與戰, 不利. 靖率兵八百, 襲破其營, 後又要險設伏, 臨陣斬
肇則, 俘獲五千餘人. 高祖甚悅, 謂公卿曰:「朕聞使功不如使過, 李靖果展
其效.」因降璽書勞曰:「卿竭誠盡力, 功效特彰. 遠覽至誠, 極以嘉賞, 勿憂富
貴也.」又手敕靖曰:「旣往不咎, 舊事五久忘之矣.」

四年, 靖又陳十策以圖蕭銑. 高祖從之, 授靖行軍總管, 兼攝孝恭行軍長史.

高祖以孝恭未更戎旅, 三軍之任, 一以委靖. 其年八月, 集兵於夔州. 銑以時屬秋潦, 江水泛漲, 三峽路險, 必謂靖不能進, 遂休兵不設備.

九月, 靖乃率師而進, 將下峽, 諸將皆請停兵以待水退, 靖曰：「兵貴神速, 機不可失. 今兵始集, 銑尙未知, 若乘水漲之勢, 倏忽至城下, 所謂疾雷不及掩耳, 此兵家上策. 縱彼知我, 倉卒徵兵, 無以應敵, 此必成擒也.」孝恭從之, 進兵至夷陵. 銑將文士弘率精兵數萬屯清江, 孝恭欲擊之, 靖曰：「士弘, 銑之健將, 士卒驍勇, 今新失荊門, 盡兵出戰, 此是救敗之師, 恐不可當也. 宜且泊南岸, 勿與爭鋒, 待其氣衰, 然後奮擊, 破之必矣.」孝恭不從, 留靖守營, 率師與賊合戰. 孝恭果敗, 奔於南岸. 賊委舟大掠, 人皆負重. 靖見其軍亂, 縱兵擊破之, 獲其舟艦四百餘艘, 斬首及溺死將萬人.

孝恭遣靖率輕兵五千爲先鋒, 至江陵, 屯營於城下. 士弘既敗, 銑甚懼, 始徵兵於江南, 果不能至. 孝恭以大軍繼進, 靖又破其驍將楊君茂, 鄭文秀, 俘甲卒四千餘人, 更勒兵圍銑城. 明日, 銑遣使請降, 靖即入據其城, 號令嚴肅, 軍無私焉. 時諸將咸請孝恭云：「銑之將帥與官軍拒戰死者, 罪狀既重, 請籍沒其家, 以賞將士.」靖曰：「王者之師, 義存弔伐. 百姓既受驅逼, 拒戰豈其所願. 且犬吠非其主, 無容同叛逆之科, 此蒯通所以免大戮於漢祖也. 今新定荊, 郢, 宜弘寬大, 以慰遠近之心, 降而籍之, 恐非救焚拯溺之義. 但恐自此以南城鎮, 各堅守不下, 非計之善.」於是遂之. 江·漢之域, 聞之莫不爭下. 以功授上柱國, 封永康縣公, 賜物二千五百段. 詔命檢校荊州刺史, 承制拜授. 乃度嶺至桂州, 遣人分道招撫, 其大首領馮盎, 李光度, 甯眞長等皆遣子弟來謁, 靖承制授其官爵. 凡所懷輯九十六州, 戶六十餘萬. 優詔勞勉, 授嶺南道撫慰大使, 檢校桂州總管.

六年, 輔公祏於丹陽反, 詔孝恭爲元帥, 靖爲副以討之, 李勣·任瓌·張鎭州·黃君漢等七總管並受節度. 師此舒州, 公祏遣將馮惠亮率舟師三萬屯當塗, 陳正通, 徐紹宗領步騎二萬屯青林山, 仍於梁山連鐵鎖以斷江路, 築卻月城, 延袤十餘里, 與惠亮爲犄角之勢. 孝恭集諸將會議皆云：「惠亮, 正通並握強兵, 爲不戰之計, 城柵既固, 卒不可攻. 請直指丹陽, 掩其巢穴, 丹陽既破, 惠亮自降」

孝恭欲從其議. 靖曰:「公祏精銳, 雖在水陸二軍, 然其自統之兵, 亦皆勁勇. 惠亮等城柵尚不可攻, 公祏既保石頭, 豈應易拔? 若我師至丹陽, 留停旬月, 進則公祏未平, 退則惠亮爲患, 此便腹背受敵, 恐非萬全之計. 惠亮, 正通皆是百戰餘賊, 必不憚於野戰, 止爲公祏立計, 令其持重, 但欲不戰以老我師. 今若攻其城柵, 乃是出其不意, 滅賊之機, 唯在此舉.」孝恭然之. 靖乃率黃君漢等先擊惠亮, 苦戰破之, 殺傷及溺死者萬餘人, 惠亮奔走. 靖率輕兵先至丹陽, 公祏大懼. 先遣偽將左遊仙領兵守會稽以爲形援, 公祏擁兵東走, 以趨遊仙, 至吳郡, 與惠亮, 正通並相次擒獲, 江南悉平. 於是置東南道行臺, 拜靖行臺兵部尚書, 賜物千段, 奴婢百口, 馬百匹. 其年, 行臺廢, 又檢校揚州大都督府長史. 丹陽連罹兵寇, 百姓凋弊, 靖鎮撫持, 吳, 楚以安.

八年, 突厥寇太原, 以靖爲行軍總管, 統江淮兵一萬, 與張瑾屯太谷. 時諸軍不利, 靖衆獨全. 尋檢校安州大都督. 高祖每云:「李靖是蕭銑, 輔公祏膏肓, 古之名將韓·白·衛·霍, 豈能及也!」

九年, 突厥莫賀咄設寇邊, 徵靖爲靈州道行軍總管. 頡利可汗入涇陽, 靖率兵倍道趨豳州, 邀賊歸路, 既而與虜和親而罷.

太宗嗣位, 拜刑部尚書, 並錄前後功, 賜實封四百戶. 貞官二年, 以本官兼檢校中書令. 三年, 轉兵部尚書. 突厥諸部離叛, 朝廷將圖進取, 以靖点代州道行軍總管, 率驍騎三千, 自馬邑出其不意, 直趨惡陽嶺以逼之. 頡利可汗不虞於靖, 見官軍奄至, 於是大懼, 相謂曰:「唐兵若不傾國而來, 靖豈敢孤軍而至.」一日數驚. 靖候知之, 潛令間諜離其心腹, 其所親康蘇密來降. 四年, 靖進擊定襄, 破之, 獲隋齊王暕之子楊正道及煬帝蕭后, 送於京師, 可汗僅以身遁. 以功進封代國公, 賜物六百段及名馬, 寶器焉. 太宗嘗謂曰:「昔李陵提步卒五千, 不免身降匈奴, 尚得書名竹帛 卿以三千輕騎深入虜庭, 克復定襄, 威振北狄, 古今所未有 足報往年渭水之役.」

自破定襄後, 頡利可汗大懼, 退保鐵山, 遣使入朝謝罪, 請舉國內附. 又以靖點定襄道行軍總管, 往迎頡利. 頡利雖外請朝謁, 而潛懷猶豫. 其年二月, 太宗遣鴻臚卿唐儉, 將軍安修仁慰諭, 靖揣知其意, 謂將軍張公謹曰:「詔使到彼, 虜必自寬. 遂選精騎一萬, 齎二十日糧, 引兵自白道襲之.」公謹曰:「詔許其降, 行人在彼, 未宜討擊」靖曰:「此兵機也, 時不可失, 韓信所以破齊也. 如唐儉等輩, 何足可惜!」督軍疾進, 師至陰山, 遇其斥候千餘帳, 皆俘以隨軍. 頡利見使者大悅, 不虞官兵至也. 靖軍將逼其牙帳十五里, 虜始覺. 頡利畏威先走, 部衆因而潰散. 靖斬萬餘級, 俘男女十餘萬, 殺其妻隋義成公主. 頡利乘千里馬將走投吐谷渾, 西道行軍總管張寶相擒之以獻. 俄而突利可汗來奔, 遂復定襄, 常安之地, 斥土界自陰山北至於大漠.

太宗初聞靖破頡利, 大悅, 謂侍臣曰:「朕聞主憂臣辱, 主辱臣死. 往者國家草創, 太上皇以百姓之故, 稱臣於突厥, 朕未嘗不痛心疾首, 志滅匈奴, 坐不安席, 食不甘味. 今者暫動偏師, 無往不捷, 單于款塞, 恥其雪乎!」於是大赦天下, 酺五日. 御史大夫溫彥博害其功, 譖靖軍無綱紀, 致令虜中奇寶, 散於亂兵之手. 太宗大加責讓, 靖頓首謝. 久之, 太宗謂曰:「隋將史萬歲破達頭可汗, 有功不賞, 以罪致戮. 朕則不然, 當赦公之罪, 錄公之勳」詔加左光祿大夫, 賜絹千匹, 真食邑通前五百戶. 未幾, 太宗謂靖曰:「前有人讒公, 今朕意已悟, 公勿以此懷」賜絹二千匹, 拜尚書右僕使. 靖性沈厚, 每與時宰參議, 恂恂然似不能言.

八年, 詔點畿內道大使, 伺察風俗. 尋以足疾上表乞骸骨, 言甚懇至. 太宗遣中書侍郎岑文本謂曰:「朕觀自故以來, 身居富貴, 能知止足者甚少. 不問愚智, 莫能自知, 才雖不堪, 强欲居職, 縱有疾病, 猶自勉强. 公能識達大體, 深足可嘉, 朕今非直成公雅志, 欲以公點一代楷模.」乃下優詔, 加授特進, 聽在第攝養, 賜物千段, 尚乘馬兩匹, 祿賜, 國官府佐並依舊給, 患若小瘳, 每三兩日至門下, 中書平章政事. 九年正月, 賜靖靈壽杖, 助足疾也.

未幾, 吐谷渾寇邊, 太宗顧謂侍臣曰:「得李靖点師, 豈非善也!」

靖乃見房玄齡曰:「靖雖年老, 固堪一行.」太宗大悅, 卽以靖点西海道行軍大總管, 統兵部尙書侯君集, 刑部尙書任城王道宗, 涼州都督李大亮, 右衛將軍李道彦, 利州刺史高甑生等五總管征之.

九年, 軍次伏俟城, 吐谷渾燒去野草, 以餒我師, 退保大非川. 諸將咸言春草未生, 馬已嬴瘦, 不可赴敵. 唯靖決討而進, 深入敵境, 遂踰積石山. 前後戰數十合, 殺傷甚衆, 大破其國. 吐谷渾之衆遂殺其可汗來降, 靖又立大寧王慕容順而還. 初, 利州刺史高甑生点鹽澤道總管, 以後軍期, 靖薄責之, 甑生因有憾於靖. 及是, 與廣州都督府長史唐奉義告靖謀反. 太宗命法官按其事, 甑生等竟以誣罔得罪. 靖乃闔門自守, 杜絶賓客, 雖親戚不得妄進.

十二年, 改封衛國公, 授濮州刺史, 仍令代襲, 例竟不行.

十四年, 靖妻卒, 有詔墳塋制度依漢衛, 霍故事, 築闕象突厥內鐵山, 吐谷渾內積石山形, 以旌殊績.

十七年, 詔圖畫靖及趙郡王孝恭等二十四人於凌煙閣.

十八年, 帝幸其第問疾, 仍賜絹五百匹, 進位衛國公, 開府儀同三司. 太宗將伐遼東, 召靖入閣, 賜坐御前, 謂曰:「公南平吳會, 北淸沙漠, 西定慕容, 唯洞有高麗未服, 公意如何?」對曰:「臣往者憑藉天威, 薄展微效, 今殘年朽骨, 唯擬此行. 陛下若不棄, 老臣病期瘳矣.」太宗愍其嬴老, 不許.

二十三年, 薨於家, 年七十九. 冊贈司徒, 並州都督, 給班劍四十人, 羽葆鼓吹, 陪葬昭陵, 諡曰景武.

子德謇嗣, 官至將作少匠.

靖弟客師, 貞觀中, 官至右武衛將軍, 以戰功累封丹陽郡公. 永徽初, 以年老致仕. 性好馳獵, 四時從禽, 無暫止息. 有別業在昆明池南, 自京城之外, 西際灃水, 鳥獸皆識之, 每出則鳥鵲隨逐而噪, 野人謂之「鳥賊」. 總章中卒, 年九十餘.

客師孫令問, 玄宗在藩時與令問款狎, 及卽位, 以協贊功累遷至殿中少監. 先天中, 預誅竇懷貞等功, 封宋國公, 實封五百戶. 令問固辭實封, 詔不許. 開元中, 轉殿中監, 左散騎常侍, 知尙食事. 令問雖特承恩寵, 未嘗干預時政, 深点物論所稱. 然厚於自奉, 食饌豐侈, 廣畜刍豢, 躬臨宰殺. 時方奉佛, 其篤信之士或譏之, 令問曰:「此物畜生, 與果菜何異, 胡点强生分別, 不亦遠於道乎?」略不以恩眄自恃, 閒適郊野, 從禽自娛.

十五年, 涼州都督王君奠奏回紇部落叛, 令問坐與連姻, 左授撫州別駕, 尋卒.

大和中, 令問孫彥芳任鳳翔府司錄參軍, 詣闕進高祖, 太宗所賜衛國公靖官告, 敕書, 手詔等十餘卷, 內四卷太宗文皇帝筆迹, 文宗寶惜不能釋手. 其佩筆尙堪書, 金裝木匣, 製作精巧. 帝並留禁中, 令書工模寫本還之, 賜芳絹二百匹, 衣服, 靴, 笏以酬之.

임동석(茁浦 林東錫)

慶北 榮州 上茁에서 출생. 忠北 丹陽 德尙골에서 성장. 丹陽初中 졸업. 京東高 서울
敎大 國際大 建國大 대학원 졸업. 雨田 辛鎬烈 선생에게 漢學 배움. 臺灣 國立臺灣師
範大學 國文硏究所(大學院) 博士班 졸업. 中華民國 國家文學博士(1983). 建國大學校
敎授. 文科大學長 역임. 成均館大 延世大 高麗大 外國語大 서울대 등 大學院 강의.
韓國中國言語學會 中國語文學硏究會 韓國中語中文學會 會長 역임. 저서에《朝鮮譯
學考》(中文)《中國學術槪論》《中韓對比語文論》. 편역서에《수레를 밀기 위해 내린
사람들》《栗谷先生詩文選》. 역서에《漢語音韻學講義》《廣開土王碑硏究》《東北民族
源流》《龍鳳文化源流》《論語心得》〈漢語雙聲疊韻硏究〉 등 학술 논문 50여 편.

임동석중국사상100

이위공문대 李衛公問對

李靖 撰 / 林東錫 譯註

1판 1쇄 발행/2009년 12월 12일
2쇄 발행/2013년 10월 1일
발행인 고정일
발행처 동서문화사
창업 1956. 12. 12. 등록 16-3799
서울강남구신사동563-10 ☎546-0331~6 (FAX)545-0331
www.dongsuhbook.com
잘못 만들어진 책은 바꾸어 드립니다.

＊

＊
사업자등록번호 211-87-75330
ISBN 978-89-497-0612-2　04080
ISBN 978-89-497-0542-2　(세트)